Las Raíces del Éxito

(y cómo lograrlo)

*****

Manuel Sañudo Gastélum

Índice:

Primera parte:
Redescubriendo el éxito

Segunda parte:
¿Qué tienen en común las personas exitosas?

Tercera parte:
El éxito visto de manera integral

Cuarta parte:
La plenitud

*¿Qué es la Verdad? Una pregunta difícil;
pero yo la he resuelto para mí diciendo que
es lo que te dice la "voz interior"*

Mahatma Gandhi

Prólogo

A partir de este momento nos encontramos ante un desafío que nos atrapa, una puesta a punto de nuestra lucidez e inteligencia. Una visión de la naturaleza humana que pone su foco en lo que no es evidente, en el "detrás de escena", en los cimientos y el preparatorio sobre los que se asienta una vida exitosa.

Nacimiento y Muerte: los dos enigmas primordiales ante los que el hombre se enfrenta. Y entre ambos Éxito y Fracaso: dos conceptos ambiguos, implacables, que nos preocupan y ocupan nuestras vidas.

El éxito sin una correlación ética y moral, un código interno y externo que lo avalen y dirijan hacia la concreción de objetivos culturalmente posicionados como una mejora en la calidad de nuestras vidas, puede llevarnos a grandes confusiones.

Contrariamente a lo que se da por sentado, la mente se maneja con herramientas muy dispares en cada persona para comprender lo exitoso y lo placentero como una dupla creativa. Sólo deslizándonos lateralmente, por caminos no frecuentados, lograremos adquirir el ingenio para separar lo genuino de la falacia.

Por y para eso Sañudo Gastélum, adoptando un estilo claro y sencillo, en las páginas siguientes nos da, una a una, las pistas para quienes deseemos profundamente lograr que nuestras vidas estén arraigadas en una dimensión holística del Éxito.

Esto implica una noción de "poder" re direccionar nuestras perspectivas y hallar nuestras Raíces del Éxito.

Es decir, que no sólo esté incluida nuestra riqueza económica, sino que fundamentalmente aprendamos a encontrar delicados puntos de equilibrio inusuales desde los cuales, ante muy diversas circunstancias, el deseo de vivir mejor en todo sentido plasme sabiduría, libertad, experiencia y plena autenticidad en nuestros sentimientos, pensamientos y acciones.

Si queremos obtener la habilidad y la astucia para no caer sistemáticamente en el fracaso, el displacer, la disconformidad, ni lo dudemos. El auténtico Éxito nos está esperando, aprovechemos nuestro valioso tiempo.

Juan Comparán Arias

Escritor, Presidente de Umbral y Quidea Editorial

Introducción

Empecé a impartir clases cuando era muy jovencito: un adolescente. A los 15 años de edad, un profesor me invitó a dictarle una, a un grupo de obreros que tomaban clases en la escuela nocturna del instituto al que yo asistía a la secundaria. Yo no quería hacerlo pues era muy tímido, extremadamente tímido. Sin embargo acepté. Se trataba de una lección de Historia de México... un tema muy árido. Fue un verdadero sufrimiento la primera sesión. Ellos eran de mucho más edad: de 10 a 15 años mayores que yo.

Así fue como empecé a conferenciar y a escribir. Pues para hacerlo se tienen que escribir notas que se entiendan, para el profesor y por el alumnado.

Desde pequeño traía la inquietud de ser escritor, aunque no sabía cómo ni de qué. Era un sueño vago e impreciso, por eso lo dejaba en el olvido. De repente, entre un sueño y otro, apareció la imagen de Manuel, en España, estudiando periodismo o literatura.

Con la alegría y la ilusión de haber descubierto algo similar a la bombilla eléctrica esperé a que llegara papá para contarle del grandioso hallazgo: ¡ya sé lo que quiero ser!

¡Oh!, decepción... A papá no le gustó la idea. Pero, astutamente, no me lo dijo de modo agresivo: me convenció de hacer un viaje a la capital para que un experto doctor en psicología, mediante una serie de exámenes, como si fuera una especie de Diógenes moderno, me dijera qué debía ser en la vida (léase estudiar). El veredicto fue: "debe estudiar administración de empresas". Y eso hice; empecé la carrera en 1967.

Aunque, como me dijo una sicóloga, amiga mía, "si de verdad hubieses querido, te hubieras ido inadando a España!"... Quizás tenía que vivir experiencias ("Misteriosos caminos tiene el Señor") para que mi espíritu estuviese en paz y poder escribir.

Con el tiempo, me di cuenta de que al escribir y explicar las cosas el más beneficiado era yo: entendía mejor los conceptos. Fui desarrollando cierta facilidad de palabra, escrita y hablada. Y el gusto por hacerlo. Era un acicate para vencer la timidez, y ganar dinero.

En la juventud, en los veranos que yo regresaba de la universidad a mi ciudad, continué dando clases a los que reprobaban materias, y así regularizarlos.

Ocasionalmente, en la carrera y en la maestría, impartí algunos cursos aislados de marketing, administración y manejo del personal.

Al iniciar mi vida profesional (1973), en Guadalajara, a la par del trabajo daba clases en un instituto de capacitación para adultos profesionales que trabajaban de día. También di clases en universidades.

En 1976, ya casado con Veneranda, y con mi hija Natalia que había nacido pocos meses antes, retornamos a nuestra tierra natal, pues papá murió y hubo que regresar a hacerle frente a la herencia intestada que dejó; amén de hacerme cargo de (su) la familia.

Al llegar, empecé mi propia empresa de consultoría que ofrecía estudios de mercado, de organización, finanzas y capacitación al personal. El tema de escribir, redactar informes y capacitar, seguía presente en mi quehacer...

En esa época impartí muchas conferencias a solicitud de clientes sobre temas de administración. Y redactaba extensos informes de los estudios que me pedían.

Luego incursioné en mis propios negocios; y en una devaluación de la moneda, endeudado en dólares, perdí todo. Tuve que volver a ser empleado y cambiar de ciudad. Con Veneranda, mi esposa, siempre a mi lado. Fue un golpe muy duro para mi ego, pero había que trabajar de empleado para comer.

Sin embargo, no dejé de escribir ni de capacitar. Aunque la escritura era de informes de la empresa y la capacitación era para mis colaboradores.

No me gustaba el trabajo que tenía. Tuve que fortalecer mi alma con cursos que tomé de desarrollo humano y leí muchos libros sobre el tema, pues sabía que el problema estaba en mí. Eso fue por el año de 1996, después de la gran crisis financiera del 95, que fue una debacle bancaria... Volví a perder de nuevo.

Ya con cierta mejoría interna, retorné a dar clases en las universidades para refrescar mi espíritu. Hasta que vino el "gran quiebre": renunciar a la empresa, al "grandioso" puesto que tenía y aventurarme – de nuevo – a emprender por mi cuenta. Eso sucedió en el 2001: a mis 52 años de edad; muchos me tildaron de loco, pues: "¿Cómo?, ¿renunciar a la seguridad de ese puesto y a esa edad?"...

El nuevo negocio no funcionó y empecé otro. Luego uno más, en el 2002, que no iba tan mal, pero me invitaron a ser socio de una empresa consultora: algo que me había gustado antes. Eso nos llevó a Veneranda y a mí a Guatemala, pues allá se tenían clientes.

En Guatemala –quizás imbuido de la buena energía de los volcanes y de la mística de la cultura maya- de nuevo se despertó en mí la "comezón" por escribir. El tema: los negocios, pues los consultores de eso hablamos y escribimos. Hice una decena de artículos en mi estancia en "La Antigua", y se los ofrecí a "La Prensa Libre", un matutino de Guatemala, (sin paga). Y, ¡oh sorpresa!, me los aceptaron. Publicaron unos diez de ellos, y luego comencé a escribir para "El diario de hoy" un periódico de San Salvador y otros tantos.

Veneranda y yo regresamos a México en el 2003, y proseguí con la consultoría, las conferencias y escribiendo artículos de negocios. Me publicaron decenas de ellos en diversos periódicos, revistas y sitios web de México y Latinoamérica.

De estos temas fui migrando hacia una mezcla de negocios y autoayuda, pues los negocios no son impersonales. Es más, las personas, empapadas por sus emociones, son las que hacen que un negocio sea bueno o malo. Y en consecuencia, la persona sufre. Sea porque le va mal o porque le va bien, pero quiere más.

Un buen día se me ocurrió que utilizando parte de lo escrito, podía armar un libro. Y lo hice en el 2005. Me tomó dos años conseguir quien lo publicara. Así nació en enero del 2007, "Sueños y riquezas".

Después –como una especie de catarsis–, escribí "¡Libérate de la manipulación!", que salió a la luz en el 2009.

Posteriormente escribí "Las crisis están en la mente (Y la solución también)", retomando el tema de negocios y autoayuda, que se publicó en abril del 2010.

Y, ahora este texto, "Las Raíces del Éxito (Y cómo lograrlo)" es el desenlace de mi tetralogía de temas de negocios y autoayuda.

Deseo fervientemente, que sea de agrado y utilidad para los lectores.

Manuel Sañudo Gastélum

Agradecimientos

Al Creador, a mi esposa Veneranda, y a los Maestros que Él me ha enviado para que encuentre mi propia ruta del éxito.

A Judit Lentijo: brillante mujer que enriqueció este libro con su magnífico trabajo de edición y atinadas sugerencias que mejoraron el texto. Gracias, amiga.

A Juan Comparán Arias por escribir el prólogo con ese sello literario y profundidad en sus palabras tan propios de él. Gracias Juan.

Aviso a los lectores

El mercado editorial está lleno de libros que se refieren al éxito y cómo lograrlo, o que describen las biografías de los famosos. Pero pocos abordan el tema de qué tienen los exitosos en su ser, en su carácter, en su yo: lo que poseen, como rasgos genéticos y de personalidad, que les ayuda a conseguir lo que llamamos "éxito".

Sin embargo, el significado del vocablo "éxito" –y lo que la mayoría piensa de él– ha sido desvirtuado y sobrevalorado de tal modo, que se considera que el éxito les pertenece sólo a aquellos que logran ganar mucho dinero. Mientras más ganen, más "exitosos" serán, ante sí mismos y ante los ojos de los demás.

No estoy en contra del dinero, sino todo lo contrario. Sin él la mente se pierde en buscarlo y nos desvía del éxito verdadero. El dinero es un medio de intercambio útil y necesario para adquirir bienes materiales, crear, distribuir riqueza, vivir dignamente y poder ayudar a otros. Estoy en contra de la premisa de que el dinero sea el único o el más importante indicador de éxito y que se quite mérito (hasta se pierdan) a todas las facetas de lo que, según mi opinión, es el éxito verdadero: la salud, el amor, la riqueza, la expresión perfecta de uno mismo, y los valores humanos en general.

La historia está llena de casos de hombres y mujeres exitosos en los negocios. Aún más, los negocios y el dinero son tema de numerosas publicaciones de toda índole. Tal es el caso de la revista "Forbes" que todos los años hace un listado de las personas más adineradas del planeta. Como si la vida fuera un concurso financiero.

Así, muchos caen en la trampa de leerla y lo que es peor, de compararse con esas personas que poseen la mayor parte del dinero de la humanidad. Gracias a esa comparación terminan en un estado de decepción y sufrimiento, al creer que jamás llegarán a estar en la lista de los más acaudalados del mundo.

Que no te preocupe estar o no en ese listado de ultra millonarios. Ocúpate de conseguir tu propio éxito, dinero, salud y paz interior. Las comparaciones deben ser contra tu progreso personal. Aunque -claro está- es útil tomar como modelos a los exitosos (así lo propongo en el capítulo de "Modelaje"), al momento de iniciar algún emprendimiento. Te ayudará saber qué es lo que hicieron bien para triunfar y adecuarlo a tus circunstancias. De ellos encontrarás varios ejemplos en el libro.

Si esperas hallar recetas infalibles para ganar dinero –como si fuese la lotería instantánea– te llevarás una decepción, pues este libro no tiene esas fórmulas, ya que el éxito no llega así, "mágicamente".

Este libro contiene un análisis de los ingredientes o características de la naturaleza de las personas que son exitosas en términos de logros económicos, empresariales, profesionales, científicos, humanitarios, deportivos o artísticos... por mencionar algunos de los campos del éxito personal.

Este análisis surgió de mi propia observación de la gente famosa y de la común y corriente; además de lo que investigué sobre historias reales de individuos exitosos. Algunos conocidos por todo el mundo y otros no, o no tanto. Y no por ello dejan de ser exitosos... tal y como podrás serlo tú también.

Conocer las raíces del éxito, te ayudará a examinarte a ti mismo, acrecentar las que posees y desarrollar las que no; siempre y cuando sean adquiribles, pues algunas necesariamente sólo están presentes desde el nacimiento. Al ser consciente de las que no tienes, podrás buscar aliados o socios que te complementen en esas partes en las que no eres fuerte.

Lograr el éxito, sea cual fuere tu meta personal, no es tan difícil como uno piensa; en primer lugar es necesario entender que la riqueza no consiste sólo en la posesión de bienes materiales, sino que esta debe inundar todos los aspectos de nuestra vida; por otro lado, debemos interiorizar lo siguiente: no se trata de una fórmula, se trata de una mentalidad. De un concepto integral, que incluya el equilibrio en todos los órdenes de la existencia. Como lo señalé antes: salud, dinero, amor, libertad, espiritualidad, misión personal y servir a los demás.

En resumen: el verdadero éxito está en ser feliz, rico, saludable y libre. En servir al prójimo y cumplir con la expresión perfecta de sí mismo.

Deseo que mis palabras toquen los corazones de quienes sufren a causa del dinero:

— Porque no tienen el suficiente y ambicionan tenerlo.

— Porque tienen, pero quieren más.

— Porque tienen mucho y temen perderlo.

Espero que con mis palabras y tu esfuerzo puedas lograr el éxito, las riquezas y la felicidad.

Recuerda que lo importante es ganar dinero, no sufrimientos.

Con sinceridad y afecto:

Manuel Sañudo Gastélum

"El dinero es buen sirviente, pero mal amo"

Henry Bohn

Primera parte

Redescubriendo el éxito

"El éxito consiste en obtener lo que se desea. La felicidad, en disfrutar lo que se obtiene"

Ralph Waldo Emerson

1.   Una vez más: ¿qué es el éxito?

"El éxito y la felicidad no son destinos, son jornadas excitantes que nunca terminan"

Zig Ziglar

Es usual que cuando te preguntan quién eres o qué haces respondas: "Soy un licenciado, un doctor, un empresario, un empleado, un estudiante, una ama de casa..." Pero eso no te define, simplemente explica parte de lo que haces y no lo que eres en verdad.

No eres ni más ni menos que otras personas porque tengas títulos, dinero, fama o cualquier indicador de éxito, en los términos en que está dispuesto por la sociedad.

La palabra éxito proviene del latín exitus, que significa salida. Tan es así que los ingleses la adoptaron como *exit*. También significa término o fin. En castellano se entiende por "éxito", la salida o fin de un negocio, examen, etc., pero con buenos resultados. Tener éxito es sinónimo de triunfar pero en base a los parámetros —una vez más— que dicta la sociedad.

Si nos remitimos en sentido estricto al origen de la palabra, tener éxito es lograr un resultado que puede y debería ser definido por ti y no por los demás. No por el rol que juegues –profesional, empresario, político, empleado, ama de casa, estudiante, etc. –que también está limitado a un menú muy rígido por la gente.

Simplemente analicemos las opciones de estudios que hay en nuestro sistema educativo –muy deficiente, por cierto. Aún más, en los países desarrollados la diferencia es que el catálogo de posibilidades de hacer y de ser es más amplio, pero también tiene límites... y mediciones estrictas de lo que es el éxito.

Si la salida o resultado que tú buscas es lo que te gusta, lo que tu interior te dice que hagas, hazle caso, haya o no reconocimiento público o fortuna de por medio. Es la voz del corazón que te reclama que sigas el propósito para el que viniste al mundo.

Lo que sucede es que el intentar hacer lo que quieres y gustas –si se sale de lo establecido–, puede ser fracturado por tu propia mente si se deja intimidar cuando escuche a los demás, en vez de escucharte a ti mismo.

Y si decides ser y hacer lo que tu conciencia te dice, seguramente te tildarán de rebelde o perturbado, por lo menos. Pero eso no debe apocarte.

Recordemos la frase de Epíctecto: "Si quieres mejorar, confórmate con que te crean loco". El cambio personal, en especial el que se aleja de "lo permitido", siempre será calificado por la gente, para bien o para mal.

No pretendas darles gusto a todas las personas, ¡es imposible! Si lo intentas consumirás tus energías inútilmente, pues no podrás complacer a todos. Con que tú mismo te apruebes y tu conciencia te diga que vas bien por el camino elegido, debe alcanzarte para estar en paz.

Esto es en cuanto al hacer, pero en lo que toca al ser ¿Qué eres, qué somos, en el mero fondo?

Difícil pregunta... Para la respuesta ojalá ayuden las palabras de Thomas de Kempis:

"No eres más porque te alaben, ni menos porque te critiquen; lo que eres delante de Dios, eso eres y nada más"

Valentina: una mujer completa

Valentina es amiga mía. La conozco hace más de 40 años, de cuando era una adolescente. Ya desde entonces, su luminosa personalidad invadía cada lugar en el que entraba... ¡Se notaba su presencia!

Menudita y muy guapa, siempre con los ojos chispeantes de alegría, con un esmerado arreglo personal y dispuesta a motivar a todo aquél que estuviese entristecido. Era el alma de las fiestas y líder natural de las aventuras juveniles con sus amigas.

De pequeña soñaba con ser ama de casa, tener un marido e hijos: una familia que formar y a quien cuidar. El estudio no le atraía mucho; no obstante iba al colegio pues era "lo normal", además de que el papá así se lo exigía. Para ella la escuela era un modo de socializar y divertirse. Aprendió las lecciones, y se graduó, pero no con mucho agrado ni convicción. Le gustaba más y lo gozaba, ayudar a su madre en las tareas domésticas, en especial cocinar. Por eso se convirtió en una excelente cocinera.

Cuando llegó el momento de ingresar a la universidad, le costó escoger qué carrera seguir, porque no sabía cuál era su vocación, así que se decidió por una porque era "lo correcto", según los paradigmas impuestos por su padre y el entorno social al que partencia, sin cuestionárselo demasiado.

Hasta que conoció a un muchacho del cual se enamoró. Cuando él le propuso matrimonio, no dudó y dejó la carrera universitaria en contra de la voluntad del papá para seguir al hombre que amaba. Se casaron, tuvieron hijos y –como todos– afrontaron los problemas y altibajos de la vida en común. Algunos de cierta gravedad, pero ella siempre fue el soporte de su esposo, la mano firme y la gran educadora de sus hijos: en especial de su hijo con discapacidad, al que sacó adelante y lo convirtió en un adulto autosuficiente.

Incluso, en las dificultades económicas por las que pasaron, ya que su marido se negaba a abandonar sus proyectos y tener un empleo "seguro" a costa de sacrificar sus sueños, ella no sólo lo apoyó, sino que complementó el gasto para sacar adelante a la familia y ayudar al marido. Trabajadora y generosa.

Además, se las ingeniaba para darse el gusto en las cosas que amaba: el baile, el ejercicio (creó su propio gimnasio que le reportaba buenos ingresos), la lectura, las manualidades (que luego vendía) y ser una excelente ama de casa.

Pasaron los años y cerró su gimnasio, pues consideró que ese ciclo ya había terminado para ella, ya que su marido se convirtió en un empresario y escritor exitoso, y ya no necesitaba trabajar fuera de su casa. Los hijos se fueron y luego vino el síndrome del "nido vacío", que se presenta cuando los hijos se van y los padres dejan de serlo para convertirse de nuevo en esposos, en pareja... Tal cual fue al principio.

Superó con facilidad el síndrome, pero luego, después de más de 30 años de casada, vinieron las dudas sobre el pasado, porque los hijos le insistían para que terminara la carrera universitaria que había dejado inconclusa, o que buscara un trabajo "para ganar dinero y no estar sin nada que hacer".

A Valentina le movieron el tapete, pues la hicieron dudar sobre su plan de vida ya casi en la tercera edad.

Estuvo confusa un tiempo por el qué dirán de los hijos, hasta que su carácter pragmático le indicó de nuevo el camino: ella siempre quiso ser ama de casa.   Y una muy buena, no una mediocre; una que fuese completa, tanto en la cocina, en la educación, como en el aspecto social, cultural y espiritual; con tiempo para sí misma y para sus gustos. Una verdadera amiga y compañera de su esposo.

Cuando hizo el recuento de los logros (léase éxitos), olvidó los consejos de los hijos y se sintió plena, porque no tuvo la menor duda de que había cumplido durante esa parte de la vida con lo que había decidido vivir.

Valentina suspiró tranquila y se llenó de felicidad por la tarea realizada. No conforme, ahora –sin hijos que cuidar –, está buscando nuevos quehaceres que le satisfagan. Además de continuar con la extensión de su misión personal: orientar a sus hijos en la formación de sus familias, y disfrutar de los nietos.

Con frecuencia subestimamos la importancia del trabajo de las mujeres. Trátese de amas de casa o profesionales, ya sean solteras, divorciadas, casadas con hombres desempleados o flojos. Y ellas, por lo general, sacan lo mejor de sí mismas buscando un empleo fuera de su casa; aunque el mundo laboral – operado por los hombres, cada vez menos, afortunadamente–, las trate injustamente.

Sin embargo, en el caso de Valentina encontramos un ejemplo de buena esposa, ama de casa, madre de familia y mujer que, a su modo y haciendo las cosas que amaba, fue y es exitosa. Como lo son muchas otras mujeres que hacen y consiguen lo que quieren. Eso es el éxito: hacer lo que se ama, generar ingresos, tener salud, y ser feliz.

Mi amiga Valentina es una de tantas mujeres que ha tenido éxito... ¿O no?

Segunda parte

¿Qué tienen en común las personas exitosas?

"He tenido éxito en mi vida. Ahora, intento hacer de mi vida un éxito"

Brigitte Bardot

2.   Las raíces del éxito

"He tenido suficiente éxito para dos vidas. "Mi éxito es talento aunado a trabajo duro y suerte"

Kareem Abdul-Jabbar

Hay varios rasgos en común en las personas que obtienen logros, hacen hallazgos, y consiguen el éxito.

He observado que las personas exitosas tienen ciertas características en común. Mi análisis me llevó a identificar a 17 de ellas. Pero no precisamente todos los exitosos tienen todas.

Resulta difícil que todos posean —en un ciento por ciento— las 17 características y, además, totalmente desarrolladas, pues en ese caso serían seres superdotados... Que los hay, pero no es lo normal en los exitosos.

El exitoso "promedio", tiene una combinación de 3, 4 ó 5 —a veces más— de esas raíces del éxito. Y con eso le basta. Habrá algunas de ellas que serán imprescindibles para triunfar. Eso lo descubrirás en la medida que avances en la lectura.

En lo que resta del libro, encontrarás una explicación detallada, con ejemplos de la vida real, de lo que son esos rasgos de personalidad. Conocerlos te ayudará a examinar cuáles tienes desarrollados o de nacimiento, y cuáles quisieras ampliar... si es que eso es factible.

Acepta, de antemano, que todos tenemos limitaciones casi insuperables. O dicho de otro modo: es más práctico y rápido – en el camino hacia el triunfo– afianzarse en lo bueno que uno posee, que esforzarse en desarrollar dones que no se traen desde la cuna.

No quiero decir que te des por vencido y pienses que hay imposibles, pues así estarás derrotado antes de comenzar. Simplemente, repito, que es más rápido iniciar apoyándose en los puntos fuertes para alcanzar los primeros niveles de éxito. Después, sobre la marcha –si quieres–, podrás intentar mejorar las debilidades.

El éxito no sólo se obtiene creando empresas. Se logra trabajando en lo que se desea, para lo que se es bueno y aplicando las "raíces" del éxito que posea con mayor vigor cada persona. Si se es perseverante u obstinado, por ejemplo, estas son las "raíces" que debe explotar para triunfar y aplicar a su quehacer. Así, tendrá más probabilidades de lograr el resultado que ambiciona.

Para conseguir lo que se desea (éxito, dinero, triunfar en la vida, ser famoso o cumplir con la misión personal) se requiere de algunas de las siguientes condiciones:

- **Afán de logro**. El afán de logro es similar al hambre, pues éste es un gran motor al empezar la búsqueda. Pero no hablo del hambre del que no tiene qué comer, sino de una ambición intensa. El tener cubiertas las necesidades básicas –y flotar en una franja de comodidad–

puede debilitar el ánimo imprescindible para emprender grandes proyectos.

- **Talento.** Es obvio que si no se tiene el talento necesario para lo que se pretende hacer, difícilmente se llegará lejos. Aún así, existen cantantes, artistas o empresarios sin verdadero talento para lo que hacen y, sin embargo, ganan mucho dinero.

- **Temperamento:** para vencer el miedo al fracaso y a lo desconocido. Pues en el arranque, habrá miedo. Es necesario tener el valor para arrojarse a lo incierto, a pesar del temor.

- **Fe.** No una fe mediana, ni condicionada. Una que sea inquebrantable, que sea como la certeza total de que se alcanzará lo deseado.

- **Flexibilidad:** para remodelar los planes y replantear las metas cuando los resultados no se den. Cambiar los modos, mas no la intención final.

- **Capacidad de arriesgar:** a veces rayando en la osadía y la temeridad.

- **Romper paradigmas.** Salirse de lo convencional, y tener la suficiencia para soportar o ignorar las críticas de los demás. Siempre habrá quien censure al temerario, pero desde la suavidad de su zona de confort.

- **Aprendizaje.** Aunque se haya estudiado una carrera profesional −o hasta posgrados− es necesario seguir aprendiendo, estudiando e investigando. La vida es aprendizaje.

- **Visión.** La habilidad de percibir y capitalizar las oportunidades que se cruzan en el camino. El que está alerta todo el tiempo, encuentra lo que busca. Además de la capacidad de observación, la reflexión y la acción.

- **Inteligencia emocional.** La habilidad de construir relaciones y alianzas. Todos necesitamos de la ayuda de los demás. En especial de los que están en los peldaños más altos de la escalera que queremos trepar; ya sea en el campo empresarial, artístico, deportivo, social, profesional o científico. Es como encontrar a los maestros adecuados.

- **Liderazgo.** Hay exitosos solitarios que trabajan aislados, pero son la minoría. La mayoría tienen personas que les ayudan. Si es el caso, el don de mando es preciso. Sin este don es imposible dar órdenes a los demás. Aunque sea evidente, hay que remarcar la característica del liderazgo.

- **"Modelaje".** Se le llama así a la técnica utilizada en la PNL (Programación Neuro Lingüística), de configurar el carácter de acuerdo con unos rasgos o principios determinados. Tomando como modelo de éxito, a un individuo que personifique lo que se quiere lograr.

- **Apoyo financiero.** Habrá quienes de la nada, construyan importantes obras. Aún así, siempre será bien recibido el aporte económico de terceros. Muchos de los personajes humanitarios de la historia que hicieron obras benefactoras, recibieron donativos para agrandar su labor. Y los no tan humanitarios también se las han arreglado para conseguir el dinero que apoye su proyecto.

- **Perseverancia.** Para conseguir un objetivo hay que trabajar. No necesariamente matarse en la faena. Se puede trabajar un número razonable de horas al día... si se es eficaz. No obstante, los triunfadores trabajan mucho más que eso y con gran gusto, pues aman lo que hacen.

- **Obsesión.** Es tener una idea que persistentemente asalta la mente. Es estar pensando –y actuando– constantemente en la meta trazada. En cómo lograrla, mejorarla, pulirla, alcanzarla y renovarla. La obsesión de la que hablo, es la que empuja al exitoso hacia la excelencia y la perfección.

- **Manejo del estrés**. Los retos y los riesgos implican, casi fatalmente, afrontar el miedo que es el origen del estrés. Si no se maneja adecuadamente, el estrés puede causar estragos en la salud mental y física del individuo, que luego tendrá sus efectos en los resultados.

- **Buen humor.** Las cosas no siempre resultan bien ni la primera vez, ni sin fracasos. La cualidad de no tomarse las cosas tan a pecho, de ver el lado humorístico de las derrotas, tomarlas como aprendizaje, y reírse de sí mismo, hará que la persona exitosa sortee más fácilmente los obstáculos y tropiezos del camino.

32

"No se puede subir la escalera del éxito vestido con el traje del fracaso"

Zig Ziglar

3. Afán de logro

"Haz lo necesario para lograr tu más ardiente deseo, y acabarás lográndolo"

Ludwig van Beethoven

El afán de logro es un anhelo vehemente de lograr lo que se quiere. Quien tiene esta cualidad no se queda en los anhelos, sino que pasa del pensamiento a la acción con rapidez.

El Diccionario de la Lengua Española, define la palabra afán como: "Solicitud, empeño, pretensión, deseo, anhelo vehemente. Prisa, diligencia, premura".
Así de afanados por lograr sus deseos están quienes poseen este don. Se dice que este afán se trae de nacimiento. Que viene con el ADN.

De nacimiento o no, está claro que es un motor para hacer que las ideas se conviertan en realidad: característica común en muchos exitosos. De aquellos que no se quedan en el terreno de las ideas y los sueños, sino que son realizadores inflexibles. Según Mc Clelland, un distinguido psicólogo norteamericano, la necesidad de logro es uno de los ímpetus más poderosos de la conducta humana.

No obstante, para quien tiene esta cualidad, una vez alcanzada la meta o deseo, ello ya no le motiva.

Entonces, su naturaleza le hará buscar nuevos retos cada vez más elevados y desafiantes.

¿Es el afán de logro una virtud? Sí, pero tiene efectos secundarios negativos que hay que evitar. Si la necesidad de logro es muy alta, la persona tiende a aferrarse a la ejecución de las acciones; lo cual la lleva a desatender las señales de alerta o peligros que pudiese haber en una situación.

O a desarrollar una aguda presión sobre sus colaboradores, que terminará por abrumarlos y desmotivarlos. O a dar la apariencia de que en la gestión de logro, está dispuesta a sacrificar lealtades, amistades o consideraciones.

En el corto plazo, a fuerza de coraje y determinación, un líder orientado fuertemente al logro podría ser muy exitoso, pero existe un lado oscuro: al orientarse implacablemente en las tareas y metas un ejecutivo puede, a la larga, perjudicar el desempeño.

Las personas excesivamente orientadas al logro tienden a dar órdenes e imponer, más que a enseñar y colaborar, sofocando así a sus subordinados. Acostumbran tomar atajos y olvidan comunicar la información clave; pueden hacer caso omiso de las inquietudes de los demás, por lo que el desempeño de sus equipos comenzará a debilitarse.

Una fuerza demasiado intensa en el logro puede destruir la confianza y quebrantar la moral, reduciendo la productividad y deteriorando la confianza en el trabajo ejecutivo.

Dos ejecutivos demasiado afanados

Como ejemplo real tenemos a José Luis; un colega director de área con el que coincidí en una empresa. Para muchos fue una muestra típica del excesivo afán de logro, que se orienta a los resultados sin importar cómo se alcancen. Javier ponía a sus ejecutivos a competir entre sí, lo que hacía que el espíritu de equipo menguara, se dividieran y entraran en conflictos interpersonales.

O el caso de Juan Ramón, director de una importante fábrica. Un tipo muy seguro de sí mismo y orientado a los resultados. Estaba tan obstinado en su afán de logro que pasaba por encima del resto del equipo ejecutivo.

Era despectivo, distante y exigente, y nunca atendía los consejos y sugerencias que le hacían. En menos de tres años, con la empresa sumida en el caos y amenazas de renuncia de varios gerentes de su equipo, fue despedido.

Hay que controlar el excesivo afán de logro: siendo menos coercitivo y más colaborador. Influir en lugar de dar órdenes. Enfocarse más en las personas y menos en las cifras y resultados. Esto es fácil de decir, pero difícil de hacer. Ejecutivos experimentados y exitosos, que deberían tenerlo claro, caen una y otra vez en el afán excesivo de logro.

"No presiones en exceso al resultado, pues se puede malograr. Todo tiene un tiempo de maduración y espera"

Katel

4.   Talento

"Encuentra un pequeño arroyo en el que puedan fluir tus fortalezas, y luego ve si puedes sumergirlo en el caudal del Mississippi"

Marcus Buckingham

Todos tenemos fortalezas y debilidades. Es difícil que seamos buenos para todo tipo de labores. Lo productivo será que apliques tu mejor talento en tu mejor oportunidad.

Muy pocas personas tienen una extensa variedad de dones, facultades o talentos. Son seres súper dotados, pero son los menos. Lo usual es que tú, los demás y yo seamos buenos –o muy buenos– para una actividad en particular. Y que tengamos talentos medianos o pequeños en otros campos de la vida.

El talento es: "Una habilidad, emoción o sentimiento -que ocurre frecuentemente- y que produce un beneficio para el que lo tiene y para los demás". También se define como una: "Facultad o capacidad artística o intelectual". Resalto que debe ser una facultad que se repita frecuentemente en la persona; que no sea un chispazo esporádico de habilidad, emoción o sentimiento.

La habilidad se explica por sí sola, pero... ¿el sentimiento y la emoción?

Sin ellos no habría talentosos poetas, pintores, cantantes o bailarines.

El talento es algo con lo que se nace y que se desarrolla con el tiempo. Pero también es probable que alguien nazca con un talento determinado, no lo desarrolle ni lo aplique a nada que sea productivo. Y, así, morir con un talento en embrión.

Todos tenemos una voz interior que nos dice que hagamos tal o cual cosa para la que somos buenos, y que además nos gusta.

Muchos, desde pequeños, empiezan a comercializar, pintar, cantar, escribir, bailar; es decir, a desarrollar su talento. Si esto ocurre, lo más seguro es que terminen teniendo éxito.

Otros, por diferentes causas –normalmente falta de apoyo, paradigmas equivocados y otras barreras culturales-, se quedan con sus talentos dormidos o aplicados de forma errónea.

Es decir, que para tener éxito, debes descubrir cuáles son tus talentos. Los tres, cuatro o cinco más sobresalientes en ti. En los que seas bueno, te guste, y tus talentos te permiten hacer.

Y aquí viene la pregunta: ¿en qué o cómo aplico esos talentos para que rindan buenos frutos?

No trates de forzar tu naturaleza, exigiéndote desarrollar habilidades que no traes de nacimiento. No hagas caso a los demás, pues ellos no perciben tu voz interior. Aunque es bueno escuchar lo que piensan de ti, de tus talentos; ya averiguarás si tienen razón o no.

Finalmente es una decisión que sólo a ti te corresponde.

Conocer tus fortalezas (talentos) no invalida que busques mejorar tus áreas débiles. Quiero decir que es más fácil, rápido, cómodo y agradable trabajar en tu contexto de talentos que en el de tus debilidades.

Imagina que naciste sin talento para cantar... ¿Tendría sentido que te dedicaras a una carrera de cantante sin ese don? Ahora, piensa que tienes los talentos de la persuasión, conciliación, facilidad de palabra e inteligencia social: quizás serías un gran vendedor, un buen político o un exitoso negociador.

Los padres de familia, los maestros de escuela y los jefes en las empresas –todos ellos educadores, en principio–, usualmente cometen el error de inducir a sus aprendices a ser y hacer cosas para las que no están dotados. Los planes de estudio están diseñados para que los alumnos adquieran conocimientos. Sin embargo, les falta enfocarse en descubrir cuál es el talento de cada discípulo para acrecentarlo rumbo al éxito. En vez de trabajar en las debilidades, deberían hacerlo en las fortalezas.

Finalmente, si sabemos que no somos buenos para todo, nos queda el recurso de integrar equipos de gente talentosa en las áreas en que somos débiles, y complementarnos con ellos.

Eduardo: el artista nato

Eduardo y yo nos conocimos en la primaria y cursamos juntos hasta la secundaria. Desde que tenía seis años pasaba el tiempo dibujando cuanta cosa se le ocurría.

Era un gran observador de la naturaleza, de todo lo que en ella podía ver –y que los demás no notábamos, al menos con el detalle que él lo hacía– con sus aguzados ojos infantiles: insectos, plantas, luces, rocas, arroyos... Con un grado de observación muy minucioso; los colores de las alas de los insectos, el número y forma de sus patas, el tamaño de los ojos, sus movimientos. El talento afloraba cuando su observación se convertía en dibujos prodigiosos para su edad.

También por esas épocas, brotó en él su talento de comerciante, ¡pues bien que vendía sus dibujos!

No obstante, en las notas escolares le iba mal; reprobaba la mayoría de las asignaturas. Menos la de dibujo, obviamente.

Dejó la escuela a mediados del bachillerato, en contra de la voluntad de sus papás, para irse de la ciudad a buscar lo que la escuela no le daba: libertad para ser y hacer lo que quería.

Malvivió trabajando como mesero, y con su sueldo compraba pinceles y lienzos para seguir pintando.

Vendía sus cuadros, e iba mejorando poco a poco su situación económica.

Estudió arte, pintura y escultura. Viajó por el mundo pintando, exponiendo y vendiendo sus obras.

Después de cuarenta años me lo encontré casualmente. Nos dio mucho gusto vernos de nuevo, y nos invitó a mi esposa y a mí a su casa, para conocer a su señora.

Al llegar a su hogar, toqué el timbre y abrieron la puerta Cecilia y él. Lo primero que Eduardo le dijo a ella fue:

—Te presento a Manuel, el más inteligente de nuestra generación. Quedé un rato pensativo...

—No, Eduardo, el más inteligente fuiste tú —respondí.

— ¿Cómo? —Preguntó azorado Eduardo— Si tú eras el que tenía las mejores calificaciones y yo siempre reprobé.

—Ahora, con la edad y la reflexión, he caído en la cuenta de que es más inteligente aquél que hace lo que le gusta, para lo que es bueno y además, como en tu caso, ¡gana buen dinero! —contesté con entusiasmo.

—Es admirable —continué— que a pesar de las voces en contra que te decían que te morirías de hambre como pintor, hayas logrado crear y vender bien tantas obras, participar en exposiciones de arte por todo el mundo, que tus pinturas estén en museos prestigiosos y en hoteles de gran lujo. Eres un buen ejemplo de quien ha seguido su talento de forma exitosa — acoté.

Eduardo sólo sonrió. Como lo hace quien se siente exitoso, feliz, amando a su mujer y a su arte. Lleno de salud, amor y abundancia, en la plenitud de su vida y su carrera. Habrá obras de Eduardo para rato...

"Dios no tiene tiempo de convertir a nadie en alguien. Yo creo que cada uno de nosotros tiene talentos internos dados por Él esperando a ser puestos en acción"

Mary Kay Ash

5. Temperamento

"Entre las cosas hay una, de la que no se arrepiente nadie en la tierra. Esa cosa es haber sido valiente"

Jorge Luis Borges

Los talentos –raíces del éxito–, están como semillas internas esperando germinar pues, según Mary Kay Ash, "Dios no tiene tiempo de convertir a nadie en alguien".
Que germinen esas semillas y que deseablemente nos conduzcan al éxito depende de cada quien. En especial de su temperamento, que le ayude a vencer los miedos y dificultades.

Para lograr resultados, es decir porciones de éxito, se necesita valor para arrojarse a lo incierto y tener el temple para no desistir frente a las dificultades.

Valiente es quien tiene miedo y lo domina. El temperamento es la fuerza, elevación de ánimo, firmeza y energía para afrontar a lo desconocido, los fracasos y las críticas de los demás. Eso es el temperamento...

En cualquier cambio que pretendas hacer en tu vida te enfrentarás al miedo de salir de la rutina, del confort y de la seguridad de los caminos que ya conoces. Amén de que si el cambio se sale de "lo aceptado" por los demás, habrá muchas voces en contra. La sociedad tiene sus reglas; y una de ellas es la de repudiar al que se sale de "lo permitido".

En muchas ocasiones, la gente de éxito ha tenido que desafiar esas reglas... con las consecuencias del repudio social. En especial de los envidiosos o de aquellos que no quieren que las cosas cambien, pues perderían sus cotos de poder económico, político o social.

Si ya has definido qué quieres lograr (éxito), tienes la voluntad de hacerlo (afán de logro) y has descubierto en qué quieres desarrollarte (tus talentos), lo que procede es que te lances y te prepares (con un fuerte temperamento) para enfrentar las consecuencias de tu arrojo. Pues, reitero, no podrás darle gusto a todos.

A quien sí debes darle gusto es a tu voz interior, a tu Creador y a los que vayan a ser beneficiados por el resultado de ejercer tu talento: tus clientes.

Por grande o pequeña que sea tu meta de éxito, siempre habrá alguien que te diga que no se podrá lograr, que estás loco, o que tendrás que sufrir tales o cuales consecuencias.

Es aquí donde el temperamento es el compañero preciso del éxito. Para mantenerte firme en tu propósito.

No quiero decir que no escuches los consejos sensatos, pues pueden ayudarte. Sino que desoigas a los que no quieren que triunfes, que miren en ti –con envidia– lo que ellos quisieran hacer, pero que no se atreven.

Estate abierto a todo y atado a nada. Con el ánimo en alto para sostenerte en la meta soñada.

El sueño posible de Michael Oher, gracias al temperamento de Leigh Tuohy

Michael Oher es un jugador profesional de fútbol americano de 23 años de edad. Debutó el pasado año en la NFL con los Baltimore Ravens, elegido en el puesto 23 de la primera ronda del "draft", y se ha consolidado como "right tackle" titular de la franquicia, uno de los hombres que protege al "quarterback" de la cacería de las defensas rivales, disputando los 16 partidos de la temporada.

"Big Mike", como también se le conoce por su imponente aspecto (1,93 m. y 141 Kg.), es asimismo el protagonista en el que está basada la última gran historia del cine americano, un personaje al que la bondad, compasión y determinación de una familia sacaron de un mundo de aislamiento y miseria absolutos.

El hecho de que Oher haya llegado al cénit del deporte profesional no es especialmente significativo. Sí lo es, en cambio, el hecho de que sea capaz de leer, escribir, expresarse oralmente y, sobre todo, interactuar con cierta desenvoltura en un entorno social.

Todas las cartas de la baraja que se le dieron al nacer en un suburbio del oeste de Memphis estaban marcadas y eran perdedoras. El padre de Oher, ex presidiario, nunca se ocupó de él ni de ninguno de sus 11 hermanos y acabó asesinado a tiros y su cadáver arrojado por un puente. Su madre era adicta al crack y su único horizonte vital era el próximo "chute".

La infancia de Big Mike fue un constante dar de tumbos por diversas instituciones educativas públicas a cuyas clases casi nunca asistía: en los primeros nueve años de escolarización pasó por 11 colegios distintos, y a los diez años ni siquiera pisó un aula durante año y medio. No desarrolló habilidades sociales de ningún tipo. Prácticamente no hablaba y desconocía el significado de la mayoría de las palabras que el resto de la gente utilizaba habitualmente, así que se encerraba en un inframundo de hermetismo inquebrantable.

Tampoco tuvo algo que pudiera llamar hogar, ni siquiera nada que se le aproximase. La mayor parte del tiempo dormía en las calles o en refugios muy precarios. Tenía todos los rasgos del retrato-robot del marginado y todas las papeletas para acabar mendigando o delinquiendo.

En el año 2002 el padre de un amigo inscribió al chico en la Briarcrest High School, una escuela privada cristiana ubicada en Memphis. Tenía 16 años, su expediente académico arrojaba una nota media de 0.6 y su coeficiente de inteligencia era de 80, muy por debajo de lo normal. Además, ya medía casi 1,90 ms. y pesaba 156 kilos, así que era imposible que pasara desapercibido. En una semana ya era famoso en la escuela, tanto por su colosal aspecto como por su comportamiento dócil y su constante silencio.

Ante sus obvios problemas de aprendizaje entró en el programa de educación especial de la institución, pero sin resultados. Ni siquiera el hecho de prohibirle practicar deporte para que se concentrara en los estudios ayudó a aquel gigante con la mente como una página en blanco.

Sean Tuohy, padre de dos alumnos de la escuela y propietario de una cadena de restaurantes, había visto a Michael deambulando por la institución; era imposible no fijarse en él. Siempre llevaba la misma ropa: una camiseta descomunal y unos vaqueros cortos que le dejaban las pantorrillas al descubierto. Un día le preguntó si había comido y, tras encajar una respuesta titubeante, decidió abrirle una cuenta en la cafetería del colegio para que comiera gratis cada día.

Su ayuda se quedó ahí... hasta que entró en escena su esposa, Leigh Anne Tuohy. Le vio por primera vez bajando de un autobús el Día de Acción de Gracias. Estaba nevando, pero "Big Mike" llevaba la misma ropa de siempre. Le preguntó dónde iba y dijo que a ver el entrenamiento de básquet bol porque había calefacción. Al día siguiente, Leigh Anne se presentó en el colegio, recogió al chico y lo llevó a comprar ropa de abrigo. Cuando le acompañó a lo que él denominaba casa y vio que era un remolque abandonado, lo instaló con ella y su familia en su hogar.

La señora Tuohy porfió para que progresara en los estudios e incluso contrató a una pedagoga especializada en jóvenes con problemas de aprendizaje que le dedicaba cuatro horas al día. El primer año su nota final fue de 0.9, pero el segundo, gracias a la ayuda de los Tuohy, subió hasta 1.56. Paralelamente, se le levantó el veto para practicar deporte y Mike probó primero el básquet bol y más tarde el lanzamiento de disco y el de peso, aunque el entrenador del equipo de fútbol americano le había echado el ojo e insistió para tenerle con él.

Era pasivo y no tenía demasiada idea de las nociones básicas de ese deporte, pero poseía una fuerza telúrica y era rapidísimo para su corpulencia (corre las 40 yardas, unos 36 m., en 5"32), así que fue puliéndolo poco a poco. Al final de su segundo año ya se le auguraba un enorme futuro y habían ido a verle en acción técnicos de las principales universidades del país.

Sin embargo, había un problema: la NCAA prohíbe por reglamento entrar en la universidad a aquellos deportistas que no tengan una nota mínima de 2.65. Pese a seguir mejorando cada día y terminar su itinerario escolar como el 154 de 157 alumnos, dejando de ser el último por primera vez en su vida, su media de 2,05 era insuficiente.

Su padrastro, Sean Tuohy, averiguó que había una última oportunidad: un curso de diez días impartido por la Brigham Young University para mejorar la nota escolar, con un examen final a través de internet. Toda la familia se aplicó con Mike, que finalmente logró las calificaciones apropiadas y entrar en la universidad.

Eligió Mississippi, donde se convirtió en "All American" y se labró su actual presente en la NFL. Y, lo que es mejor, en su segundo año como universitario se le efectuó otro test de inteligencia. Arrojó un resultado de 105, que corresponde a la media de una persona normal.

Hoy es capaz de hacer cosas que la mayoría de la gente da por supuestas pero que él jamás habría podido conseguir sin el temperamento y la desinteresada ayuda de los Tuohy.

"Debes defender al equipo como si fuera tu familia"

Leigh Anne Tuohy

6. Fe

"El mayor acto de fe es cuando una persona decide que no es Dios"

Anónimo

La fe es lo opuesto al miedo. Es su antídoto. La fe perfecciona al temperamento, pues elimina el temor.

Es más fácil tener temor que tener fe, pues ésta requiere un esfuerzo de la voluntad. Para que ejercites la fe, es necesario actuar y conducirte como si ya hubieses logrado el resultado. No una fe mediana, ni condicionada. Una que sea inquebrantable, que sea como la certeza total de que alcanzarás lo deseado.

¿Es riesgoso proceder así?, ¿como si ya lo hubiese logrado?, ¿y si fallan los planes?... Seguramente habrá un quebranto por actuar sin cautela, como si ya lo hubiese logrado, podrán argumentar los que no tienen fe.

Opino que sí es aventurado proceder así; ya que el riesgo siempre estará latente, pues El Señor —cuyos planes no conocemos— te ofrecerá otros caminos que podrás considerar como peligros o fracasos. Toma en cuenta lo que Él dijo: "Tus caminos no son mis caminos".

Tener fe es descansar en tu sabiduría e intuición. Es dejar la carga de tus pretensiones en las manos de tu energía vital. La fe crea confianza, da paz mental, y libera a la mente de las dudas y las preocupaciones, de los miedos, la angustia y la ansiedad. El descanso mental te liberará para que estés libre y fluyas hacia la meta de éxito con tu talento.

No debes atribuirle toda la responsabilidad a la suerte; también debes tener confianza en ti mismo. Si tú no permites que entre la fe, nadie lo hará por ti.

No trates de ver para creer y luego actuar. No esperes a que tus ojos vean el resultado, pues no llegará mientras no actúes en pos de la meta. Prueba creer para ver, convertido en realidad lo que quieres.

"Fe es creer en lo que no se ve; y la recompensa es ver lo que uno cree"

San Agustín

Un niño, ejemplo de fe.

Cuentan que en Nueva York, un niño descalzo estaba parado frente a una tienda de zapatos, observando algo a través de la ventana y temblando de frío.

Una señora se acercó y le dijo:

–Mi pequeño amigo, ¿qué estás mirando con tanto interés? El niño le respondió:

–Le estaba pidiendo a Dios que me diera un par de zapatos.

La señora lo tomó de la mano, lo llevó adentro de la tienda, y le pidió al vendedor que le diera seis de pares de calcetines para el niño.

Después, le preguntó si podría prestarle una palangana con agua y una toalla. El empleado rápidamente le trajo lo que había pedido, la señora se llevó al niño a la parte trasera de la tienda, se quitó los guantes, le lavó los pies y se los secó con la toalla. El vendedor llegó con los calcetines, la señora le puso un par de ellos al chiquillo y le compró un par de zapatos. Juntó el resto de los calcetines y se los dio.

Ella acarició al niño en la cabeza y le dijo:

—   ¡No hay duda, pequeño amigo, que te sientes más cómodo ahora!

Mientras ella daba la vuelta para marcharse, el chiquillo la alcanzó, la tomó de la mano y mirándola con lágrimas en los ojos, le preguntó:

—   ¿Es usted la esposa de Dios?...

"Todo lo que he visto me enseña que debo confiar en el Creador a quien no he visto"

Ralph Waldo Emerson

7. Flexibilidad

"Una experiencia nunca es un fracaso, pues siempre viene a demostrar algo"

Thomas Alva Edison

Seguramente, en la búsqueda del resultado habrá dilación, imprevistos y "fracasos". Es aquí que la flexibilidad, se convertirá en la virtud necesaria para seguir adelante... y triunfar.

Entrecomillo la palabra "fracasos", pues he repetido que no debes tomarlos como se acostumbra: a manera de pérdidas o desastres. Eso sólo te desgastará y consumirá tus energías. El fracaso es una fuente de aprendizaje, es la forma en que el Universo te está diciendo que así no lograrás lo que quieres. Se aprende de los fracasos, el éxito se disfruta.

Si lo tomas como lo que es (una enseñanza), el "fracaso" te hará más fuerte. Te aleccionará sobre nuevas formas de intentarlo. Recuerda la frase aquella: "No puedes esperar un resultado distinto, si sigues haciendo lo mismo". Es decir, que si el resultado no se da, habrás de hacer acopio de tu reserva de tolerancia y flexibilidad para aprender nuevas formas de conseguir tus deseos, en lugar de insistir en actuar del mismo modo.

Conviene remodelar los planes y hasta replantear las metas a corto plazo cuando los resultados no se den. Cambiar los modos, mas no la intención final, pues ésta es la brújula que no debes perder. Es el fin último que te has imaginado.

Para ser flexible, necesitas tolerancia y paciencia para desapegarte de los dogmas antiguos que desviaron tu camino hacia el "fracaso". Debes cambiar según las circunstancias, y no aferrarte a los métodos que no funcionaron.

Cuesta trabajo abandonar lo aprendido, pues la costumbre nos da seguridad, pero no necesariamente el resultado. Más aún: se requiere de flexibilidad en un mundo que cambia con mucha rapidez.

Ser flexible no equivale a renunciar a tus deseos; ser flexible es tener la sabiduría de amoldarse y cambiar las acciones para donde sí se dé el resultado.

La necia obstinación –contraria a la flexibilidad– ha llevado a mucha gente a verdaderos fracasos (así, sin comillas)... No seas uno de ellos.

"Un fracasado es un hombre que ha cometido un error, pero no es capaz de convertirlo en experiencia"

Elbert Hubbard

El comerciante de ropa

Conocí a un empresario en Ciudad Juárez, Chihuahua, que había ido creciendo en el comercio de ropa para caballeros. Tuvo éxito durante varios años e incluso abrió 15 tiendas, hasta que la moda, las costumbres, la competencia y la cercanía con la frontera con Estados Unidos, le fueron quitando clientes y ventas.

Su primera reacción ante la baja de ventas, fue abrir su tienda número 16, pero seguía perdiendo dinero. Abrió la sucursal 17 y, ¡lo mismo!, las pérdidas continuaban. Desesperado, pidió ayuda a unos consultores.

Después de varios análisis y estudios, los consultores le dijeron que cerrara las tiendas de ropa para caballeros.

—   ¿Cómo voy a cerrarlas si he tenido éxito? —dijo el empresario confundido y molesto.

Los consultores le respondieron:

—Pero ya no estás ganando dinero. Además, no se trata de cerrarlas sino de reconvertirlas.

—No entiendo —prosiguió el comerciante.

—Mira —le dijeron los asesores–: en vez de vender ropa para caballeros, ahora la oportunidad está en vender ropa para damas jóvenes, que son las que continuamente están comprando y van siguiendo la moda. El grueso del mercado está compuesto por las chicas que trabajan en las maquiladoras, y que cada fin de semana salen a divertirse a los centros nocturnos luciendo un nuevo atuendo.

— ¡Pero si ellas ganan poco dinero! —refutó el empresario.

—Si les ofrecemos blusas de bajo precio (unos $8 dólares), vistosas y de moda, cada semana podrán comprarte una. Total, con una blusa nueva y unos jeans lucirán con un nuevo vestuario.

El empresario sufrió, pero recapacitó y, finalmente, decidió rematar la ropa de caballero e iniciar un proceso de reconversión total en las tiendas. Acudió a unos confeccionistas chinos para que le abastecieran blusas de calidad a precios bajos, y con novedosos y llamativos diseños.

La reconversión, léase flexibilidad, le llevó a recuperar el éxito económico de antaño y mucho más que eso. Claro que hubo que trabajar arduamente, pero el resultado valió la pena. Él logró salvar sus tiendas a tiempo.

Sin embargo, la flexibilidad a la que me refiero –y que este ejemplo clarifica– resulta mucho mejor si uno se anticipa a los cambios del mercado: antes de sufrir tantas pérdidas y dolores de cabeza.

"Dame, Señor, serenidad para aceptar las cosas que no puedo cambiar. Valor para cambiar las que pueda y sabiduría para reconocer la diferencia"

Reinhold Niebuhr

8. Capacidad de arriesgar

"La aventura podrá ser loca, pero el aventurero, para llevarla a cabo, ha de ser cuerdo"

Gilbert Keith Chesterton

La capacidad de arriesgar va en función de la apertura que se tenga hacia las posibilidades; de la anchura o estrechez de miras. Si el ánimo está cerrado, y no hay permisión mental a la Abundancia, difícilmente habrá la disposición para arriesgar en la aventura.

Quizás la palabra "aventura" te intimide, pues –popularmente- le hemos dado una connotación de peligrosidad excesiva.

No obstante, cualquier acción humana conlleva peligros. El simple hecho de levantarse de la cama por las mañanas para ir al trabajo implica riesgos.

La aventura es cualquier emprendimiento de resultado incierto o que presenta riesgos. Existen riesgos grandes, medianos y pequeños, que se miden en dinero, tiempo, esfuerzo, pérdidas y ganancias; incluido el de perder la vida.

Baste tomar nota de los que practican deportes extremos como el alpinismo de altura: ¡muchos han muerto congelados o sepultados en la nieve!

En lo tocante al éxito –sin la referencia monetaria-, el riesgo se reduce a que obtengas o no el resultado que buscas. Y este lo defines tú... O al menos, así debería ser. Algunos dirán que la bifurcación es fracasar o triunfar.

Sin embargo, nuevamente insisto en que no existen los fracasos como tales; simplemente hay resultados, que pueden ser o no los que quieres. Si lo son, ya lograste un avance en esta aventura por el éxito; si son diferentes serán aprendizajes del "cómo no" se logran... Para volver a intentarlo.

Lo peor que te puede pasar es la parálisis: inmovilizarte por miedo a arriesgar. El otro extremo sería la temeridad insensata de exponerse a riesgos de alta peligrosidad. Se necesita cordura, como dijo Chesterton, para llevar a cabo la aventura por loca que sea.

La concepción del riesgo es totalmente personal. Es la percepción individual del peligro, y eso es diferente para cada quien. Hay quienes arriesgan el todo por el todo. También los que ni siquiera se aventuran a cambiar de ciudad, de trabajo o de rutinas.

Lograr el éxito siempre supondrá el riesgo de no alcanzarlo. Pero como dice el refrán: "El que no arriesga, no gana".

Tú mismo sabrás encontrar el justo medio entre la loca aventura y la inacción temerosa.

"Una aventura es siempre algo extraordinario para el que tiene el alma aventurera"

Johann Wolfgang von Goethe

Cristóbal Colón, el aventurero

Colón empezó como artesano y comerciante modesto. Tomó contacto con el mar a través de la navegación de cabotaje con fines mercantiles. En 1476 naufragó la flota genovesa en la que viajaba, al ser atacada por corsarios franceses; desde entonces se estableció en Lisboa como agente comercial y realizó diversos viajes.

Luego se dedicó a confeccionar mapas y a adquirir una formación autodidacta: aprendió las lenguas clásicas que le permitieron leer los tratados geográficos antiguos (sobre la idea de la esfericidad de la Tierra); y empezó a tomar relación con los grandes geógrafos de la época (como Toscanelli).

De unos y otros le vino la idea de que la Tierra era esférica, y de que la costa oriental de Asia podía alcanzarse fácilmente navegando hacia el oeste (ya que una serie de cálculos erróneos le habían hecho subestimar el perímetro del Globo).

Con todo ello, Colón concibió su proyecto de abrir una ruta naval hacia Asia por el oeste, basado en la acertada hipótesis de que la Tierra era redonda y en el error de suponerla más pequeña de lo que es; y, además ignoraba la existencia del continente americano, que se interponía en la ruta proyectada.

El interés económico del proyecto era indudable, ya que el comercio con Extremo Oriente era sumamente lucrativo; dicho comercio se realizaba por tierra a través de Oriente Medio, controlado por los árabes. Los portugueses llevaban años intentando abrir una ruta marítima a la India, bordeando la costa africana.

Colón ofreció su proyecto al rey Juan II de Portugal, quien lo rechazó. Probó suerte en España con el duque de Medina Sidonia y con los Reyes Católicos, que lo rechazaron igualmente, por considerarlo inviable y por las desmedidas pretensiones de Colón.

Finalmente, la reina Isabel aprobó el proyecto por mediación del tesorero del rey, Luis de Santángel. La reina otorgó a Colón una serie de privilegios como contrapartida a su arriesgada empresa; y financió una flotilla de tres carabelas con las que partió del puerto de Palos el 3 de agosto de 1492.

Navegó hasta Canarias y luego hacia el oeste, alcanzando la isla de Guanahaní (San Salvador, en las Bahamas) el 12 de octubre; en aquel viaje descubrió también Cuba y La Española (Santo Domingo). Persuadido de que había alcanzado las costas asiáticas, regresó a España en 1493.

Colón había descubierto América fortuitamente como consecuencia de su intuición y fuerza de voluntad. Aunque fracasó en su idea original de abrir una nueva ruta comercial entre Europa y Asia, abrió algo más importante: un "Nuevo Mundo" que en los años siguientes, sería explorado por navegantes, misioneros y soldados de España y Portugal, incorporando un vasto imperio a la civilización occidental y modificando profundamente las condiciones políticas y económicas del Viejo Continente.

"Basta un poco de espíritu aventurero para estar siempre satisfechos, pues en esta vida, gracias Dios, nada sucede como deseábamos, como suponíamos, ni como teníamos previsto"

Noel Clarasó

9. Romper paradigmas

"Lo que acostumbramos a llamar instituciones necesarias, muchas veces, son instituciones a las que nos hemos acostumbrado"

Alexis de Tocqueville

Los paradigmas son acepciones de ideas, pensamientos o creencias incorporadas generalmente durante nuestra primera etapa de vida, que se aceptan como verdaderas o falsas, sin ponerlas a prueba de un nuevo análisis.

Los paradigmas tienen principalmente dos características:

—Se aceptan como verdaderos o falsos, por el hábito de la costumbre.

—La sociedad rara vez los pone a prueba, pues pasan a ser "verdades" o "falsedades" del manual de lo permitido o prohibido por la comunidad.

Una costumbre o paradigma es una práctica general arraigada. Generalmente se distingue entre "buenas" costumbres, que son las que cuentan con aprobación social, y las "malas", que son relativamente comunes, pero no cuentan con esa aprobación social. Y a veces las leyes han sido promulgadas para tratar de modificar la conducta.

La costumbre tiene doble filo: por un lado, ayuda a crear buenos hábitos útiles para la vida. Por el otro, adormece a la gente en falsas creencias y conductas que impiden su desarrollo social, económico o espiritual.

Los que ostentan el poder (económico, social, político o religioso) son los que más se oponen a los cambios de paradigmas, pues atentan contra sus cotos de dominio.

Además de lidiar con los paradigmas externos, es necesario que modifiques los internos si quieres triunfar —lo que también es difícil, pero no imposible. Los internos son tus pensamientos de negatividad: "No se puede, no lo merezco, es imposible...", y toda una serie de ideas que impiden que entren en ti los regalos que la vida te tiene reservados.

Es una cuestión de pensar en el auto merecimiento y en el poder personal como derechos naturales... o lo contrario.

La lógica de Einstein

Dos chiquillos patinaban en un lago congelado de Alemania. Era una tarde nublada y fría. Los niños jugaban despreocupados. De repente, el hielo se quebró y uno de los niños se cayó, quedando preso en la grieta del hielo.

El otro, viendo a su amigo preso y congelándose, tiró un patín y comenzó a golpear el hielo con todas sus fuerzas hasta conseguir quebrarlo y liberar al amigo.

Cuando los bomberos llegaron y vieron lo que había pasado, le preguntaron al niño:

— ¿Cómo conseguiste hacer eso? ¡Es imposible que consiguieras partir el hielo, siendo tan pequeño y con tan pocas fuerzas! —dijeron pasmados.

En ese momento, Albert Einstein, que pasaba por allí, comentó:

— Yo sé cómo lo hizo.

— ¿Cómo? —le preguntaron los bomberos.

— Es sencillo —respondió Einstein—, no había nadie para decirle que no era capaz.

"Dios nos hizo perfectos y no escoge a los capacitados, sino que capacita a los escogidos.
Hacer o no hacer algo, sólo depende de nuestra voluntad y perseverancia"

Albert Einstein

Moraleja: Es más importante lo que dicta tu conciencia que tu reputación.

Porque tu conciencia es lo que eres, y tu reputación es lo que los otros piensan de ti. Lo que los otros piensan, es su problema.

Varios exitosos han tenido que luchar contra las voces paradigmáticas que les dicen que lo que intentan no se puede hacer. Su éxito se atribuye a esa destreza de romper –o desoír- los paradigmas. Así de poderosa es su convicción de lo quieren lograr.

Como ejemplo de esto veamos el caso del inventor del teléfono: Alexander Graham Bell, quien fue motivo de satíricos comentarios sobre la viabilidad de su invento.

Alexander Graham Bell: desoyendo paradigmas logró que la gente oyera a larga distancia

Nació en Edimburgo, Reino Unido, en 1847. Alexander fue un científico y especialista en enseñar una fonación normal a quien tiene dificultades de pronunciación.

Criado en el seno de una familia dedicada a la locución y corrección de la pronunciación, Bell fue educado junto a sus hermanos en la tradicional profesional familiar. Estudió en la Royal High School de Edimburgo, y asistió a algunas clases en la Universidad de Edimburgo y el University College londinense, pero su formación fue básicamente autodidacta.

En 1864 ocupó la plaza de residente en la Weston House Academy de Elgin, donde desarrolló sus primeros estudios sobre sonido; en 1868 trabajó como asistente de su padre en Londres, ocupando su puesto tras la marcha de éste a América. La repentina muerte de su hermano mayor a causa de la tuberculosis, enfermedad que también había terminado con la vida de su hermano menor, repercutió negativamente tanto en la salud como en el estado de ánimo de Bell.

En estas circunstancias, en 1870 se trasladó a una localidad cercana a Brantford (Canadá) junto al resto de su familia, donde pronto su estado de salud comenzó a mejorar. Un año después se instaló en Boston, donde orientó su actividad a dar a conocer el sistema de aprendizaje para sordos ideado por su padre.

Los espectaculares resultados de su trabajo pronto le granjearon una bien merecida reputación, recibiendo ofertas para dar diversas conferencias, y en 1873 fue nombrado profesor de fisiología vocal en la Universidad de Boston.

En esta época, con la entusiasta colaboración del joven mecánico Thomas Watson y el patrocinio de los padres de George Sanders y Mabel Hubbard (con quien se acabaría casando el año 1877), dos estudiantes sordos que habían recibido clases de Bell, diseñó un aparato para convertir el sonido en impulsos eléctricos. El invento, denominado teléfono, fue inscrito en el registro de patentes estadounidense en 1876.

En un primer momento, el teléfono levantó todo tipo de comentarios irónicos, pero al revelarse como un medio de comunicación a larga distancia viable, provocó controvertidos litigios por la comercialización de la patente.

En 1880, recibió el premio Volta. El dinero obtenido con este premio lo invirtió en el desarrollo de un nuevo proyecto, el grafófono, en colaboración con Charles Sumner Tainter, uno de los primeros sistemas de grabación de sonidos conocido.

Tras su muerte, acaecida en 1922, dejó como herencia dieciocho patentes a su nombre y doce más con sus colaboradores.

"¡Cómo se cría el hábito en el hombre!"

William Shakespeare

10. Aprendizaje

"El colmo de la estupidez es aprender lo que se ha de olvidar"

Erasmo de Rotterdam

La gente de éxito se aplica a conocer, más y más, sobre lo que considera útil para lograr sus metas. No necesariamente del modo tradicional, como en las escuelas o universidades, pero siempre aprendiendo, aunque sea de manera autodidacta.

De hecho, varios genios (gente de éxito, obviamente) no sólo aprendieron de lo que ya existía, sino que crearon sus propias escuelas de novedosos pensamientos. Por nombrar algunos: Picasso, Leonardo Da Vinci, Sigmund Freud, Douglas Mcgregor, Henry Ford, Albert Einstein...

Para aprender se necesita el apetito de hacerlo. "Hambre" de conocimientos. Un intenso deseo de saber más sobre el tema que apasiona. La pasión por aprender es esa "hambre" de conocimientos.

No como sucede en las escuelas y universidades; donde el estudiante está obligado a asimilar de memoria un programa de información, datos y lecturas, que con el tiempo suelen ser olvidados. O peor que eso: no tienen aplicación práctica en la vida real.

Recuerdo algunas de las cosas que aprendí en la escuela y que no me han servido de nada. Ejemplo de ello: el famoso "Teorema de Pitágoras", que establece que "en un triángulo rectángulo, el cuadrado de la hipotenusa es igual a la suma de los cuadrados de los dos catetos".

Seguramente mi profesor de trigonometría estará revolcándose en su tumba por lo que he dicho. Y habrá quienes digan que "el ejercicio mental" de aprender el teorema me habrá hecho un bien en el cerebro. O mis compañeros que ejercen alguna rama de la ingeniería, dirán que a ellos sí les ha servido el conocimiento. A mí no... fuera de chamuscarme las neuronas antes del examen.

Hubiera sido mejor que nos dieran algunas clases de cómo ser felices o cómo ser inteligentes en lo social. No obstante, así están los programas educativos en el país.

Con esto pretendo afirmar que para los exitosos, el aprendizaje poco tiene que ver con los títulos académicos. No quiero decir que no sean útiles, simplemente trato de prevenir que no son garantía del éxito. Muchos genios optan por cuestionar lo que les quieren meter a la fuerza en la cabeza. Toman lo bueno y dejan lo que creen inútil. Pues, como dijo Sócrates: "Solo es útil el conocimiento que nos hace mejores".

El aprendizaje del exitoso se centra en lo que le gusta, en lo que cree válido para sus fines. Y hasta desarrolla sus propios métodos de estudio, y nuevos conocimientos que luego otros aprovecharán.

Si quieres triunfar en tu quehacer, tendrás que dedicarte a aprender y seguirlo haciendo hasta el final de tus días.

"Debes aprender mientras dure tu ignorancia; si creemos al dicho, mientras dure tu vida"

Séneca Anneo

Henry Ford, el genio autodidacta

Fundador de la Ford Motor Company, y padre de las cadenas de producción para la producción en masa. La introducción del Ford "T" en el mercado automovilístico, revolucionó el transporte y la industria en Estados Unidos.

En 1873, Henry vio por primera vez una máquina autopropulsada: una de vapor estacionaria que podía ser usada para actividades agrícolas. El operador la había montado encima de ruedas a las que había conectado mediante una cadena. Henry quedó fascinado con la máquina, y el operario le enseñó cómo encender y manejar el motor. Ford dijo más adelante que esta experiencia fue la que le "enseñó que era por instinto un ingeniero".

Tras haber recibido sólo una educación elemental, se formó como técnico maquinista en la industria de Detroit. Tan pronto como los alemanes Daimler y Benz empezaron a lanzar al mercado los primeros automóviles (hacia 1885), Ford se interesó por el invento y empezó a construir sus propios prototipos.

Inventor prolífico que obtuvo 161 patentes registradas en Estados Unidos, fue propietario único de la compañía Ford, y se convirtió en una de las personas más conocidas y ricas del mundo.

A él se le atribuye el "fordismo", sistema que se desarrolló entre fines de los años treinta y principios de los setenta y que creó mediante la fabricación de un gran número de automóviles de bajo coste mediante la producción en cadena.

Si bien tenía una educación bastante pobre, tenía una visión global, considerando al consumismo como la llave de la paz.

La anécdota de Ford y el V-8

Un día, concibió un plano revolucionario para una nueva clase de motor. Lo conocemos ahora como el V-8. Estaba ansioso de convertir esta nueva idea en un hecho. Puso a sus hombres a dibujar los planos y los presentó a los ingenieros. Cuando éstos examinaron los dibujos, uno a uno, llegaron a la misma conclusión: su visionario jefe no sabía mucho sobre los principios fundamentales de la ingeniería. Le dijeron con toda amabilidad que su sueño era imposible.

Ford dijo: — fabríquenlo de cualquier manera.

—   ¡Pero es imposible! –contestaron ellos.

—   Háganlo y trabajen hasta que lo logren, no importa cuánto tiempo se requiera –ordenó Ford.

Por seis meses lucharon, dibujo tras dibujo, diseño tras diseño... y nada. Otros seis meses. Nada. Al fin del año, Ford se reunió con sus ingenieros y, una vez más, le dijeron que lo que él quería era imposible. Ford insistió en que continuaran. Y así lo hicieron: finalmente, descubrieron cómo construir un motor V-8.

"Ford y sus ingenieros vivían bajo el mismo cielo, pero no tenían el mismo horizonte"

John C. Maxwell

11. Visión (Serendipia)

"Todo lo que el hombre es capaz de imaginar es susceptible de existir"

Luis Racionero

Las casualidades –que consideramos como afortunadas e inesperadas– no tienen nada de accidental. Las cosas que suceden, siempre ocurren por razones que la mayoría desconocemos o no logramos descifrar. Los exitosos tienen la gracia de la visión para aprovecharlas.

El exitoso tiene imágenes mentales que de manera prodigiosa, como don de nacimiento, percibe por representación clarividente. La visión es la habilidad de encontrar lo que se busca, de percibir lo que nadie ve, como medio para sus fines.

Es una iluminación intelectual causada sin la existencia de imagen alguna y que le da un conocimiento claro, inmediato y sin raciocinio, de las oportunidades que otros verán como casualidades o accidentes.

Es la habilidad de percibir y acopiar las oportunidades que se presentan en el camino. El que está alerta todo el tiempo, encuentra lo que busca. Tiene capacidad de observación, reflexión y acción.

Algunos lo traen de la cuna y otros lo podrán desarrollar si se lo proponen. Empezando por la simple observación del entorno, de las personas, de los cambios en proceso, del acontecer de la vida misma. Practica y lo verás...

Esta habilidad perceptiva debe estar soportada por conocimientos –y otras destrezas– para convertir en realidad lo que se ha visto.

La visión también tiene amparo en la suerte. En lo que algunos llaman "serendipias". Esta extraña palabreja, que deriva del inglés serendipity, es un vocablo que fue acuñado por Horace Walpole (en 1754) a partir de un cuento persa llamado "Los tres príncipes de Serendip"; en el que los protagonistas, unos príncipes de la isla Serendip, solucionaban sus problemas a través de increíbles casualidades.

La palabra serendipia se usó mucho en sus orígenes, pero fue cayendo en desuso. Ha sido rescatada recientemente gracias al reiterado interés en este tipo de eventos.

Serendipia se define como: "Un descubrimiento o un hallazgo afortunado e inesperado". Se puede denominar así también a la casualidad, coincidencia o accidente.

En la vida cotidiana –de la gente común– también se dan las serendipias: pequeñas, medianas y grandes. Lo que pasa es que no estamos tan atentos a ellas como lo están las personas inspiradas. O como secuencia de la falta de inspiración, en vez de ver el lado afortunado de las serendipias vemos lo negativo y amenazante. Así, las dejamos pasar de largo o nos resistimos a su aparición en nuestras vidas, luchando contra lo que es inevitable que suceda.

La respuesta está en desarrollar la intuición y la pericia de observar lo que sucede en nuestra vida, y que es signo de lo que se avecina.

Estemos atentos y preparados para interpretar las señales que por su contraste contra la rutina habitual, nos revelan las nuevas rutas que convendrá seguir.

"El que tiene imaginación sin instrucción tiene alas sin pies"

Joseph Joubert

Alexander Fleming, el científico

En la historia de la ciencia son frecuentes las serendipias. Muy demostrativo es el descubrimiento de la penicilina y la propia la historia de Alexander Fleming.

Su padre era un agricultor pobre de Inglaterra. Un día, mientras trabajaba, oyó a alguien pidiendo ayuda desde un pantano próximo. Inmediatamente soltó sus herramientas y corrió hacia el lodazal.

Allí, enterrado hasta la cintura en el lodo negro, había un niño aterrorizado, gritando y luchando, tratando de liberarse del fango. El agricultor Fleming salvó al pequeño de lo que pudo ser una muerte lenta y espantosa.

Al día siguiente, un carruaje muy lujoso llegó hasta los predios del agricultor. Un noble inglés, elegantemente vestido, se bajó del vehículo y se presentó a sí mismo como el padre del niño que Fleming había salvado.

—Yo quiero recompensarlo —dijo el caballero inglés— usted salvó la vida de mi hijo.

—No, yo no puedo aceptar una recompensa por lo que hice —respondió el granjero, rechazando la oferta.

En ese momento, el hijo del agricultor salió a la puerta de la casa de la familia.

—   ¿Es ese su hijo? —preguntó el noble.

—   Sí —respondió el campesino lleno de orgullo.

— Le voy a proponer un trato —continuó el noble inglés—. Déjeme llevarme a su hijo y ofrecerle una buena educación. Si él es parecido a usted, crecerá hasta convertirse en un hombre del cual estará muy orgulloso.

El granjero aceptó. Con el paso del tiempo, el hijo de Fleming se graduó de la Escuela de Medicina de St. Mary's Hospital en Londres y se convirtió en un personaje conocido en todo el mundo: Sir Alexander Fleming, el descubridor de la penicilina.

Algunos años después, el hijo del caballero inglés cayó enfermo de pulmonía.

¿Qué lo salvó?... La penicilina. ¿El nombre del noble inglés?: Randolph Churchill. ¿El nombre de su hijo?: Sir Winston Churchill.

Definitivamente, sin la presencia de Winston Churchill, el desenlace de la Segunda Guerra Mundial y el mundo entero hubiesen sido muy diferentes.

"Lo importante no es lo que nos hace el destino, sino lo que nosotros hacemos de él"

Florence Nightingale

12. Inteligencia emocional

"La excelencia depende más de las competencias emocionales que de las capacidades cognitivas"

Dr. Daniel Goleman

Otro puntal para alcanzar el éxito, es la habilidad de utilizar positivamente nuestras emociones y orientarlas hacia la eficacia del trabajo personal y las relaciones con otras personas.

"En la actualidad no sólo se nos juzga por lo más o menos inteligentes que podamos ser, ni por nuestra formación o experiencia, sino también por el modo en que nos relacionamos con nosotros mismos o con los demás", dijo el Dr. Goleman.

Esto es lo que se conoce como "Inteligencia Emocional". Término en el que se unieron dos palabras aparentemente contradictorias: "Inteligencia" y "Emoción". El término fue popularizado por Daniel Goleman con su célebre libro "Emotional Intelligence", publicado en 1995.

Aunque las definiciones tradicionales de inteligencia hacen hincapié en los aspectos cognitivos, tales como la memoria y la capacidad de resolver problemas, varios influyentes investigadores en el ámbito del estudio de la inteligencia, han comenzado a reconocer la importancia de la ausencia de aspectos cognoscitivos.

Queda claro que el viejo concepto de inteligencia no se reduce a ser hábil en las matemáticas, filosofía, o la química; en general las ciencias de la razón.

En la escuela, tiempo atrás, admirábamos a los que obtenían notas excelentes en las asignaturas "difíciles"; normalmente las ciencias exactas. Y desdeñábamos a las humanísticas. Incluso, los profesores o papás decían: "debes estudiar –y 'ser'– ingeniero, pues se te dan bien las matemáticas".

Ya en la vida profesional, mis colegas y yo veíamos que muchos de nuestros ex compañeros escolares, ahora triunfantes, eran los que reprobaban esas "difíciles" asignaturas científicas. Caímos en la cuenta de que esa "inteligencia" teórica no es garantía de éxito.

Para triunfar ayuda más saber relacionarse, tener amigos que apoyen, y contactos que abran puertas. Es decir, que el control y sensato manejo de las emociones da mejor resultado que el conocimiento de las ciencias más complicadas.

Sin embargo, como la habilidad emocional no se enseña en las escuelas, no le habíamos dado el valor que ahora tiene a raíz a los descubrimientos de Goleman.

Gracias a él, en ciertas universidades ahora se le empieza a dar cabida a asignaturas del orden de la inteligencia emocional, pues no todos las traemos de nacimiento.

Practica y desarrolla tus habilidades emocionales, para facilitar tu camino hacia el éxito:

✓ Conoce tus emociones y sentimientos.
✓ Manéjalos adecuadamente.
✓ Aprende a reconocerlos.
✓ Crea tu propia motivación.
✓ Gestiona las relaciones sociales.

Remato esta parte con una frase que decía mi madre "Se logra más con miel, que con hiel".

"La expresión clásicamente utilizada para referirse a este tipo de sensibilidad que nos orienta, es la de sabiduría"

Dr. Daniel Goleman

Gerald Grinstein, líder con carisma

"Liderazgo con inteligencia emocional es igual a resultados positivos y con la gente satisfecha"

Manuel Sañudo

Gerald Grinstein, abogado de profesión, es un maestro para establecer entendimiento con sus empleados y utiliza esa afinación emocional para persuadir. Cuando asumió la dirección de Western Airlines, en 1985, la compañía estaba en dificultades; él pasó cientos de horas en pequeñas cabinas de vuelo, detrás de los mostradores y en los depósitos de equipaje, a fin de familiarizarse con sus empleados.

La afinidad que construyó fue crucial para que los trabajadores de la empresa aceptaran reducciones de sueldo e hicieran ciertas concesiones en cuanto a las normas laborales. A cambio, él sólo les prometió una compañía solvente, de la que ellos tendrían una mayor parte. Con esas concesiones en la mano, Western Airlines alcanzó sólidamente cifras positivas; pasados apenas dos años, Grinstein pudo venderla a Delta por 860 millones de dólares.

En 1987 asumió la dirección de Burlington Northern, otra compañía que daba pérdidas, y nuevamente puso a funcionar su "magia interpersonal" (inteligencia emocional). Hizo venir a la sede principal de Fort Worth, para que cenaran con él, a un grupo selecto de trabajadores de mantenimiento, secretarias, y tripulaciones de tren. Viajó por los distintos ramales y dialogó con los empleados, mientras intentaba convencerlos de que aceptaran sus planes para reducir costos.

Un íntimo amigo de Grinstein comentó de ese estilo gerencial: "Para ser duro no hace falta ser un cretino". Aunque la empresa ferroviaria cargaba con 3,000 millones de dólares en deudas, Grinstein invirtió la situación. Y en 1995, cuando Bulington Northern compró la Santa Fe Pacific, creó la red ferroviaria más grande de los EE.UU.

"La inteligencia no podría representar mucho tiempo el papel del corazón"

François de la Rochefoucauld

13. Liderazgo

"La prueba final de un líder es que deje detrás de él en otros hombres la convicción y la voluntad de continuar"

Walter Lipmann

Hay exitosos que trabajan en solitario, pero son minoría. La mayoría tienen a su cargo personas que les ayudan. Si es el caso, el don de mando es preciso. Sin él es imposible guiar a los demás y recibir el beneficio del trabajo en equipo.

Hay que remarcar la importancia del liderazgo. Algunos opinan que el líder nace, y otros que se hace con la práctica. De nacimiento o adquirido, el don de liderazgo es una habilidad muy necesaria para lograr el éxito. Así que si no naciste con él, trata de desarrollarlo.

El líder tiene que conciliar dos vectores aparentemente contrapuestos: el buen trato a sus seguidores y los resultados que hay que lograr. Esta contraposición no debe ser tomada como una bifurcación de "blanco o negro". Ni que implica sacrificar resultados por ser suave con los colaboradores, ni lograr las metas pasando por encima de los derechos y la dignidad de ellos.

Hay quienes se van a los extremos antes señalados: o se convierten en ineficaces paternalistas o en odiados e implacables tiranos.

El buen líder sabe situarse en las zonas intermedias que existen entre el buen trato y el logro de los resultados. "Justo, pero firme", es una frase que lo define.

Más aún, practica lo que se conoce como "Liderazgo Situacional": un estilo de mandar flexible y variante, que utiliza con criterio gracias a su don de liderazgo. Y que le permite atinadamente inclinarse al resultado o a la gente de forma equilibrada, según la situación: de ahí su nombre.

El buen líder sabe ubicarse en el correcto estilo de mando de acuerdo con:

- El tipo de problema o circunstancia que le toque afrontar en un momento dado. En situaciones de alta peligrosidad, el líder puede ser más firme y menos democrático.

- La capacitación, preparación y características específicas de sus subordinados. No es lo mismo dirigir a un grupo de niños que a uno de adultos... aún cuando en la práctica, haya adultos que sean como niños.

- La cultura organizacional y el contexto social en el que el líder y su grupo estén inmersos. En el ejército, difícilmente funcionará un estilo condescendiente de ordenar.

- Las habilidades y gustos propios del jefe, en cuanto al estilo de mando se refieren. He visto jefes que son auténticos dictadores y, además, lo disfrutan. Como −en el otro extremo- hay otros que son exagerados paternalistas. No justifico los extremos, simplemente afirmo que la personalidad del jefe influirá en el estilo que adopte.

Hay quienes quieren ser jefes para tener "poder": político, religioso, social o económico. Le puse comillas a la palabra poder, puesto que esas personas quieren obtenerlo para usarlo de forma ilegítima e irresponsable.

Acudo a la definición básica de la palabra poder que es: "tener la facultad o potencia de hacer una cosa". El meollo de este tema está en cuestionar si esa "cosa" que sucede... ¿a quién beneficia?

Si la cosa sucede y su beneficio se vierte sobre los legítimos destinatarios del mismo, podemos afirmar que estamos ante un positivo uso del poder. Un ejemplo sencillo: si el gerente usa su facultad para alcanzar los fines de la empresa, éste sería el caso de un genuino ejercicio del poder. Si por el contrario, utiliza su autoridad para conseguir objetivos personales, ajenos al interés de la compañía, ese no es el verdadero propósito del poder, sino un abuso de él.

¿Por qué y para qué muchas personas buscan afanosamente el poder? ¿Aquél poder que no es el auténtico?... Por vanagloria personal, para lograr objetivos particulares, por intereses de grupo, y demás explicaciones extraviadas que no tienen nada que ver con el fin común de la empresa, la sociedad o el país.

Desgraciadamente, muy pocos dirigentes procuran adquirir poder para lograr cosas que conllevan al bienestar de la colectividad.

"El deseo de gobernar para obtener una satisfacción egoísta ha sido la maldición del mundo"

Álvaro Mendoza

Ronald W. Allen, líder despótico

Ronald W. Allen fue separado, en abril de 1997, del máximo cargo ejecutivo por el directorio de Delta Air Lines, aunque la compañía estaba disfrutando de un récord de utilidades.

Allen había ascendido por el escalafón hasta llegar a director ejecutivo en 1987; cuando él se hizo cargo del timón, se estaba desregulando el tráfico aéreo. Su plan estratégico consistía en lograr una mayor competitividad internacional; en 1991 compró Pan American World Airways, recientemente quebrada, para lograr acceso a sus rutas europeas. Ese cálculo resultó erróneo: cargó a Delta con una enorme deuda, justo cuando el ramo veía caer en picada sus utilidades. Delta, que hasta entonces había sido redituable, se endeudó en 500 millones de dólares más, en cada uno de los tres años siguientes a la adquisición de Pan Am.

Sin embargo, no fue esa desastrosa decisión financiera la que le costó el puesto a Allen. Como reacción a los malos tiempos, el ejecutivo se convirtió en un jefe duro, casi implacable. Se hizo célebre por humillar a sus subordinados regañándolos ante otros empleados. Acalló la oposición entre los altos ejecutivos; hasta llegó a reemplazar al jefe de finanzas, la única persona que se había opuesto abiertamente a la adquisición de Pan Am. Otro alto ejecutivo (con quien Allen había competido por el puesto máximo) anunció que renunciaba para asumir la presidencia de Continental Airlines. Se dice que Allen, como reacción, le exigió entregar inmediatamente las llaves del automóvil de la compañía, obligándolo a buscar otro medio para regresar a su casa.

Dejando a un lado esas mezquindades, el principal error de Allen fue su desalmada reducción de personal: eliminó 12,000 puestos de trabajo, aproximadamente el tercio del total de los empleados de Delta. Algunos empleos eran "grasa", sin duda, pero muchos otros constituían "los músculos, los tendones y los nervios" de la organización. Esos grandes cortes produjeron una caída en los servicios al cliente, en otros tiempos envidiables. Las quejas contra Delta crecieron súbitamente hasta las nubes: desde suciedad en los aviones y demoras en los despegues, hasta equipajes desaparecidos. Junto con la grasa, Allen había arrancado el espíritu de la compañía.

Los empleados se encontraban en estado de shock; la compañía nunca los había tratado tan mal. La inseguridad y el enojo eran los sentimientos dominantes. Aún después de acabar con el déficit, merced a los recortes, una encuesta efectuada entre los 25.000 empleados restantes reveló que continuaban escépticos y asustados; la mitad era hostil al liderazgo de Allen.

En octubre de 1996, éste admitió públicamente que su draconiana campaña de economías había tenido efectos devastadores en la fuerza laboral de Delta. Pero su comentario fue: "¡Sea!". Y eso se convirtió en grito de batalla para las protestas de los empleados; en los uniformes de pilotos, aeromozas y mecánicos, brotó por igual un distintivo con la leyenda: "¡Sea!"

Cuando llegó el momento de renovarle el contrato, el directorio de Delta fue más allá de los números para observar la salud general de la empresa. La reputación de Delta, en cuanto a las excelencias de su servicio, estaba manchada; los gerentes talentosos la abandonaban. Peor aún: la moral de los empleados estaba en un abismo.

Por lo tanto, el directorio actuó. Allen, el hombre que en la cumbre de su poder había detentado los títulos de presidente, director ejecutivo y gerente general, fue despedido a los 55 años, sobre todo por haber matado el alma de la empresa.

La historia de Robert W. Allen demuestra que el arte del liderazgo no consiste en el cambio por sí solo, sino en la manera de implementarlo. Allen pasó por el doloroso proceso de reducir costos, pero lo hizo de un modo tal que desmoralizó y apartó de sí a toda la fuerza laboral.

"No es tarea fácil dirigir a hombres; empujarlos, en cambio, es muy sencillo"

Rabindranath Tagore

14. Modelaje

"El que imita lo malo se sobrepasa, mas el que imita lo bueno siempre queda"

Francesco Guicciardini

La programación neurolingüística (PNL) es un sistema que pretende preparar o "programar" la mente de manera sistemática, y lograr que comunique eficazmente lo que una persona piensa con lo que hace, logrando así una congruencia y comunicación eficaz a través de una estrategia que se enfoca al desarrollo humano.

Este sistema se basa en la observación y el "modelado" de la excelencia, con la convicción de que si una persona alcanza un logro, ese logro está acompañado de un "estado general" de la mente, el cuerpo y las emociones, que puede ser replicado modelando a esa persona.

Una de las técnicas llamada "modelaje", consiste en configurar el carácter de acuerdo con unos rasgos o principios determinados, tomados de un individuo que personifique lo que se quiere lograr.

Puede aplicarse prácticamente a cualquier modelo de actividad: músicos, pintores, cocineros, científicos, empresarios, oradores, etc. Por ejemplo, muchos grandes cantantes, en sus comienzos han imitado a otros intérpretes famosos. En ocasiones han llegado a exagerar el "modelaje" y son criticados por el público o jueces de certámenes, pues son demasiado parecidos a los ídolos que imitan... Hasta que logran su propio estilo.

Para empezar una actividad en la que quieras triunfar, podrás recurrir a esta técnica. Y te recomiendo que:

- No prolongues demasiado el tiempo del modelaje. Toma tu prototipo como lo que es: el primer paso en la búsqueda de tu propio talento y estilo. Que sea como una plataforma para llegar a lo que verdaderamente eres y puedes hacer bien.

- Selecciona cuidadosamente tu modelo. Que sea lo más cercano a lo que quieres obtener. Si se trata de negocios, fíjate en sus habilidades. En especial, en aquellas que creas que tienen parecido con las tuyas. Será más fácil modelar a alguien que tiene virtudes y fortalezas semejantes a las que tienes.

- Si el modelo no te funciona, busca otro y vuelve a probar. Toma en cuenta que lo importante es sacar lo mejor de ti, valiéndote -en buena lid- del apoyo de la imagen de un exitoso. De sus virtudes, cualidades y demás atributos que le han permitido triunfar.

Escoge a un modelo que tenga una vida equilibrada. Y si se trata de alguien con un desequilibrio vital, toma lo bueno de él y no te fijes en lo malo. Sabemos de muchos "exitosos" que sufren de graves trastornos familiares, sociales o de salud. Los hubo que terminaron suicidándose o en la cárcel. Encuentra verdaderos modelos de éxito, que sean vidas ejemplares.

"No se puede imitar lo que se quiere crear"

George Braque

Lorenzo Servitje, modelo de empresario

Lorenzo Servitje es uno de los líderes empresariales más respetados en México. Es cofundador de Bimbo, el gran imperio mexicano de golosinas y productos de panadería.

Lo que comenzó como una modesta panadería en la ciudad de México, ha crecido hasta convertirse en un conglomerado multinacional que realiza operaciones en 13 países.

Lorenzo Servitje Sendra nació en la Ciudad de México en 1918. Se graduó como Contador Público en la Universidad Nacional Autónoma de México. Es ampliamente reconocido como uno de los hombres de negocios más importantes de México, y su opinión en todos los rubros, desde la política hasta la ética empresarial, interesa tanto a individuos como a agrupaciones industriales.

Don Lorenzo dice que la prioridad de un hombre de negocios es crear empleos. Y su empresa está haciendo su parte al emplear a 74.000 personas.

Trayectoria

Desde 1965, a la par de su travesía empresarial, se ha distinguido en diversas cámaras y agrupaciones institucionales, con más de una docena de presidencias y vicepresidencias. Formó y presidió múltiples fundaciones y fue consejero de varios institutos que fomentan el desarrollo humano, religioso y social. Entre los premios y galardones que ha recibido, sobresalen su nombramiento como "Ejecutivo del Año", por la Asociación de Ejecutivos de Ventas y Mercadotecnia de México en 1972, y la entrega de la "Medalla de Honor al Mérito Empresarial" de la Cámara Nacional de Comercio de la Ciudad de México en 1978.

En 1995 recibió el premio "Eugenio Garza Sada", que otorga el Instituto Tecnológico y de Estudios Superiores de Monterrey a aquellos empresarios que se han distinguido por sus aportes a la educación, la economía y a la sociedad de su país.

Labor social

La labor filantrópica y de responsabilidad social de Don Lorenzo Servitje es amplia y destacada, ya que ha participado como Consejero y Patrono en varias organizaciones no lucrativas de México.

Ha sido un incansable promotor de la educación superior y del trabajo cimentado en los valores humanos. Su destacada trayectoria le hizo merecedor del premio "Tlamatini" en 1999.

"Ver siempre al otro como persona, nunca como un instrumento", es uno de sus pensamientos que ha llevado a la práctica. Don Lorenzo Servitje: un verdadero modelo de empresario y ser humano.

"La imitación es la forma más sincera de alabanza"

Charles Caleb Colton

15. Apoyo financiero

"Las únicas personas que te dejan algo son aquellas que te han ayudado"

Anónimo

Habrá quienes de la nada, construyan importantes obras. Aún así, siempre será bien recibido el aporte económico de terceros.

Muchos de los personajes humanitarios de la historia que hicieron obras benefactoras, recibieron donativos para agrandar su labor. Y los no tan humanitarios también se las han arreglado para conseguir el dinero que apoye su proyecto.

El dinero, aunque sea en pequeñas cantidades, es un recurso indispensable para triunfar. Se necesita para subsistir mientras llegan los primeros éxitos.

Esta no es una visión de apocamiento, es una realidad, ya que muchos famosos han empezado de cero y pasado por penurias extremas. Y un buen día, les llega el éxito y el dinero. Por esfuerzo propio y/o con la colaboración monetaria de otros.

Para prosperar en tu proyecto, tienes tres opciones:

- Ahorrar las ganancias y reinvertirlas, hasta tener el dinero suficiente para crecer en gran escala.

- Pedir dinero a los demás en calidad de préstamo, como aportación en sociedad o como regalo... Aunque suene disparatado. Si tienes un pariente rico que crea en ti, podría ser que aporte –casi como donativo– para tu causa.

- Una combinación de las dos anteriores.

En cualquiera de los dos escenarios del apoyo de terceros, se puede acelerar la consecución de la meta. Algunos elegirán ahorrar, reinvertir, manejarse solos y no pedir ayuda a nadie. Otros, preferirán tener soporte financiero ajeno. Es una cuestión de gustos, personalidad y enfoque de la vida.

Aquí, me dirijo al tema del apoyo externo; de conseguir dinero de los demás. Sea como préstamo personal o como colocación de acciones en la bolsa de valores. Para el caso, es la misma esencia: el apoyo financiero de otros.

Para conseguir el soporte ajeno, en especial con dinero, es necesario que tu proyecto sea muy atractivo, que prometa dar un resultado sobresaliente. Y que el dador del dinero vea en ti la honorabilidad y talento para dar frutos.

Debes ser consciente que nadie da nada a cambio de nada. Así es la naturaleza humana. Y que los que te ayudarán económicamente querrán algo a cambio. Puede ser que te pidan el retorno del capital más los intereses, ser socios en tu negocio o que les pagues con el producto de tu trabajo... Tal era el caso de los mecenas de la Edad Media.

El mecenazgo apareció en el Renacimiento y aunque los artistas no recibían un pago por el trabajo inmediatamente, eran protegidos por los ricos o mecenas, o nombrados pintores del rey, quienes los llevaban a vivir a sus castillos, y cuya única función era la de pintar cuanto retrato se le ocurriera al rey, que a su vez les pagaba con el alojamiento y a veces algo de dinero. Hoy en día, aún podrás encontrar este tipo de patrocinadores. No abundan, pero sí hay.

Esta forma de patrocinio financiero se concedía a artistas o científicos, a fin de permitirles desarrollar su obra sin retribuirlos en contrapartida con créditos monetarios inmediatos, aunque exigiendo a cambio la producción de obras, la cual implicaba una forma de remuneración en un modo más satisfactorio para el mecenazgo.

Ten cuidado con lo que te pidan a cambio por el apoyo. Vigila que no rebase los derechos sobre tu obra, ni que atropelle tus principios o te desvíe de lo que quieres.

Pues desgraciadamente, como dice el refrán: "El que te da te posee". Así que evita ser poseído. Es bueno recibir ayuda, pero no ser esclavo de ella.

"El dinero es como el estiércol: no es bueno a no ser que se esparza"

Francis Bacon

El Coronel Sanders y cómo creó la cadena de restaurantes "Kentucky Fried Chicken"

El coronel Harland David Sanders (1890-1980), mejor conocido como el coronel Sanders, fue el fundador de la "Kentucky Fried Chicken" (KFC). Su imagen aparece en las cajas del negocio y es su icono oficial.

Sanders nació en Henryville, Indiana. Su padre falleció cuando él tenía 6 años y desde entonces su madre tuvo que trabajar y además cocinaba para su propia familia. Durante su vida adolescente, Sanders tuvo muchos empleos; entre ellos fue bombero, conductor de barcos de vapor, vendedor de seguros y soldado raso en Cuba.

A los 40 años Sanders preparaba pollo para las personas que comían en una estación de servicio en Corbin, Kentucky. En realidad no tenía un restaurante, pero servía las cenas y hasta vivía en la misma estación de servicio.

Con el paso del tiempo, el local creció y Hardland se mudó a un motel y luego a un restaurante con capacidad para 142 personas, donde lo emplearon como chef de cocina. En los siguientes nueve años, perfeccionó su método de cocinar el pollo usando las mismas once hierbas y especias que se utilizan en la actualidad en la franquicia KFC. Fue también el precursor de la cocina a presión, que permite que el pollo se cocine mucho más rápido que en una freidora o en una sartén y realza su sabor.

Sanders fue forzado a vender su propiedad debido a la construcción de la carretera Interestatal 75. Vivió un tiempo de una pensión de la Seguridad Social de su país, pero confiado en la calidad de su pollo frito, viajó por todo el país de restaurante en restaurante, cocinando hornadas de pollo para los propietarios de los establecimientos y sus empleados.

La reacción fue favorable, y llegó a acuerdos que estipulaban un pago de 5 centavos de dólar por cada pollo vendido. Su trabajo le permitió convertir su pequeño negocio, la Kentucky Fried Chicken, en una extensa cadena de comida rápida.

Sanders trasladó las oficinas de su empresa a una nueva localidad cerca de Shellbyville, Kentucky, y en 1964 la vendió a un grupo de inversionistas.

El coronel, después de retirarse de la cocina, trabajó como portavoz de la compañía por el resto de su vida. Entre los años 1950 y 1970, apareció en comerciales en la televisión de Estados Unidos hablando sobre la calidad del producto de la KFC con un animado vocabulario.

También conservó la propiedad del edificio de su empresa, y pronto abrió un nuevo restaurante en el mismo lugar. Los nuevos propietarios de la KFC le compraron la marca "Coronel Sanders", así que él decidió llamar a su nuevo restaurante "Claudia Sanders' Dinner House", aludiendo al nombre de su esposa. Desde el año 2005, el comedor sigue operando y ha sido decorado con fotografías y recuerdos de la familia Sanders.

Sanders falleció a los 90 años a causa de leucemia. Cuando fue velado, llevaba su característico traje blanco con una corbata de lazo negro. Fue sepultado en el cementerio Cave Hill en Louisville, Kentucky.

El coronel Sanders: un buen ejemplo de cómo lograr ayuda de los demás en un negocio de ganar-ganar.

"La mejor manera de hacer carrera es transmitir a los demás la impresión de que ayudarte sería para ellos de gran provecho"

Jean de la Bruyere

16. Perseverancia

*"Esto se llama perseverancia en una buena causa y
obstinación en una mala"*

Lawrence Sterne

*Para conseguir un objetivo hay que trabajar. No
necesariamente matarse en la faena. Se puede trabajar un
número razonable de horas al día... si se es eficaz. No
obstante, los triunfadores trabajan mucho más que eso y con
gran gusto, pues aman lo que hacen.*

Una cosa es perseverar y otra ser un necio obstinado. La ciega terquedad sin resultados, genera sufrimientos innecesarios y distrae la atención sobre las metas.

Una de las principales causas del sufrimiento humano es el apego: la excesiva aprehensión por las personas, relaciones, dinero, ideas o cosas.

También es fuente de frustración y sufrimiento buscar una meta y no alcanzarla. La diferencia entre lo que quieres de la vida y lo que verdaderamente obtienes de ella equivale a frustración; mientras más grande sea la brecha entre el desear y el obtener, mayor será la desdicha, a menos que hagas algo al respecto.

En nuestra "educación" (o deformación) aprendemos que es bueno acumular: cosas, relaciones, dinero, amigos, conocimientos, etcétera. Y en parte sí lo es, pues es semejante a la Abundancia (así, con mayúscula).

Sin embargo, la Abundancia plena no incluye al sufrimiento. Que se origina ante lo inalcanzable o ante las pérdidas, que son parte ineludible de la existencia.

Para bien sostenerse en la Abundancia plena, debes excluir el sufrimiento de tu vida. Repaso la idea de que "El dolor es inevitable, el sufrimiento es opcional".

Es decir que ante ciertas circunstancias, como la muerte de un ser querido, es imposible no sentir dolor ya que somos seres emocionales. Pero cuando por voluntad propia prolongamos el dolor más allá de su ciclo natural, lo convertimos en sufrimiento.

Así que cuando desees algo: como una nueva relación, un mejor negocio, una meta cualquiera y en un plazo prudente no lo obtengas, te recomiendo que sigas estos sencillos pasos, para que tu perseverancia se canalice eficazmente:

- Luchar: si crees que tu deseo realmente vale la pena para ti, entonces pelea por conseguirlo. Si después de un tiempo razonable no alcanzas esa meta específica, cambia de estrategia o cambia de meta.

- Cambiar: si a pesar de los intentos, incluso después de haber probado diferentes tácticas, sigues sin alcanzar esa meta, no te frustres, mejor cambia de aspiración. Sustitúyela por otra. Si ese negocio no se da o esa persona no te quiere, te queda el recurso de cambiar de tipo de negocio o de buscarte una nueva persona que sí te ame. Es absurdo empeñarse de por vida en conseguir algo o alguien que jamás será tuyo. Y, sin embargo, muchos viven con esa esperanza sin posibilidad de cumplirse.

- Renunciar: esto es lo mismo que actuar en el desapego. O sea que si después de luchar por la meta, intentar sustituirla por otra y aún así no logras lo que quieres, no te quedará mejor solución que olvidar el asunto, persona o cosa. No te sugiero que tomes este consejo como señal de flojedad o pequeñez. Es simple sentido común abandonar aquello que no pudiste lograr ni peleando, ni cambiando de estrategias o deseos.

El deseo no cumplido ocasiona desdicha. A menos que hagas lo opuesto: no desear. No desear –lo que antes deseabas– es el mejor antídoto para curar la enfermedad de la pretensión. Suena sencillo y hasta como un juego de palabras. Pero tómate un tiempo, haz un alto en tu camino y ponte a pensar cómo sería tu vida sin tantos deseos innecesarios o inalcanzables.

Hay una frase que dice: "Si no tienes lo que quieres, quiere lo que tienes". En alguna ocasión yo la cuestioné, pues me parecía conformista. Ahora, le encuentro un sentido diferente: no debes obstinarte en conseguir lo que la vida te está negando –repetidamente, quizás. Fluye con la corriente vital y empieza a amar lo que tienes, y con ello te pondrás en la ruta para conseguir nuevas y mejores cosas.

De no abandonar lo inalcanzable estarás anclado al pasado, no disfrutarás del presente y no avanzarás hacia un mejor futuro.

"El chiste está en lo que uno recalca. O nos hacemos infelices o nos hacemos fuertes. La cantidad de trabajo es la misma"

Carlos Castañeda

Ningún exitoso ha carecido de tenacidad y persistencia en su determinación. La perseverancia en el propósito y la constancia en el esfuerzo, es una poderosa energía. Despierta en los demás la confianza en el perseverante. Todo el mundo cree en el individuo determinado, con tal de que su determinación sea razonable, prudente y factible, y no se fije a derribar con la cabeza las paredes, porque entonces la perseverancia es terquedad y la determinación, locura.

Por intuición, las personas saben que es inútil oponerse a quien utiliza como peldaños las piedras del tropiezo, que no teme al fracaso; ni jamás la calumnia ni el ridículo le retraen de su labor, no rehúye responsabilidades y siempre mantiene su brújula en dirección a la estrella polar de su propósito, a pesar de cuantas tormentas bramen a su alrededor.

"Hay hombres que luchan un día y son buenos. Hay otros que luchan un año y son mejores. Hay quienes luchan muchos años y son muy buenos. Pero hay los que luchan toda la vida, esos son los imprescindibles"

Bertolt Brecht

John Crowley, ejemplo de padre amoroso y perserverante

La historia de John es la de un hombre que desafió la opinión general y arriesgó el futuro de su familia en la búsqueda de una cura para la grave enfermedad que sufrían sus hijos. Y la recompensa, a su perseverancia, fue lograr el éxito familiar, económico y empresarial.

De la vida de Crowley

Crowley nació en Englewood, Nueva Jersey, E.E.U.U. Actualmente es presidente y CEO de la terapéutica de Amicus, Inc. Es un ejecutivo y empresario exitoso en el ramo de la biotecnia. Mejor conocido como el fundador de varias empresas de biotecnología dedicadas a la curación de enfermedades genéticas.

Se graduó de Bergen Catholic High School. Luego asistió a la Academia Naval en Annapolis, Maryland. Después pasó a ganarse la Licenciatura en Relaciones Internaciones de la Universidad de Georgetown. Ingresó en la Universidad de Notre Dame Law School y se casó con Aileen, en 1990. Posteriormente pasó a recibir un título de MBA de la Harvard Business School en 1997, y en enseguida trabajó para una firma de consultoría de gestión en San Francisco.

En 1998, después de que sus dos hijos menores, Megan y Patrick, fueron diagnosticados, con la "Enfermedad de Pompe" (trastorno neuromuscular grave y mortal) la familia se mudó a Princeton, Nueva Jersey, para estar cerca de los médicos especialistas en el padecimiento. Crowley trabajó en Bristol-Myers Squibb, donde se desempeñó en varios puestos de dirección.

Frustrado por la lentitud de la investigación sobre la enfermedad de Pompe, Crowley dejó Bristol-Myers Squibb en marzo del 2000, y tomó un puesto como consejero delegado de Novazyme, una compañía de investigación en biotecnología ubicada en la ciudad de Oklahoma que estaba realizando una investigación experimental sobre un nuevo tratamiento. Después se convirtió en el director general de la corporación.

Así, en el 2001 fue adquirida por Novazyme Genzyme Corporation, la tercera mayor compañía de biotecnología, bajo la iniciativa de Crowley. Con estos este patrocinio, el trabajo del Dr. William Canfields (un extravagante genio de la investigación de esa enfermedad) finalmente dio sus frutos; y en enero de 2003, Megan y Patrick Crowley recibieron la nueva terapia para la enfermedad de Pompe, desarrollada por Genzyme.

La adquisición de Novazyme por Genzyme, y la historia de lucha de Crowley para curar la enfermedad de Pompe, se documentó en la Harvard Business School Case Study como caso de estudio de negocios, bajo el título de "Un amor de Padre".

Crowley se convirtió en presidente y CEO de orexígena Terapéutica en 2003. En enero de 2005, fue nombrado presidente y director general de Amicus Terapéutica, con sede en Cranbury, Nueva Jersey. Se le concedió un doctorado "Honoris Causa" en Ciencias por la Universidad de Neumann en Aston, Pennsylvania, donde también pronunció el discurso de apertura del procedimiento.

Libros y películas

La historia de Crowley fue reseñada, en el Diario de Wall Street, por la ganadora del Premio Pulitzer, Geeta Anand. Ella profundizó en la historia de Crowley en un libro publicado en el 2006: "The Cure": Cómo un padre logró recaudar $ 100 millones de dólares – y se opuso al establishment de la medicina – luchando en una búsqueda de un remedio para salvar a sus hijos.

El famoso actor Harrison Ford adquirió los derechos para producir una película inspirada en el libro de Anand y la familia Crowley. En abril de 2009, CBS Films comenzó a filmar esta importante película acerca de la familia Crowley y la búsqueda para salvar la vida de sus niños. La película, titulada "Medidas extraordinarias", fue lanzada en todo el país el 22 de enero de 2010.

John Crowley también ha escrito un libro de memorias personales titulado "Persiguiendo Milagros".

Políticos y la participación política pública

Ha estado involucrado en la defensa de numerosas causas políticas públicas, sobre todo en la enfermedad rara y el espacio de atención médica. El 22 de julio, habló ante varios cientos de funcionarios del Congreso sobre el tema de los medicamentos biotecnológicos y la protección de la seguridad del paciente.

Obras caritativas y filantrópicas

John y Aileen Crowley también han lanzado un sitio Web, de la Familia Crowley, donde las personas interesadas en su historia o en la enfermedad de Pompe pueden seguir las actividades de la familia. Crowley está activo en una serie de servicios sociales y otros esfuerzos filantrópicos. Fue nombrado el "Humanitario del Año" por la Make a Wish Foundation de Nueva Jersey.

Testimonio de un colega de la Universidad de Harvard

"La semana pasada estuve en New York para la primera reunión de Board de OLX. Me encontré a almorzar con mis amigos Peter y Sophia Volandes quienes me contaron que habían estado en el lanzamiento del libro "The Cure". La obra cuenta la historia de cómo John Crowley, un compañero mío del MBA en Harvard Business School, lucha durante años para conseguir los recursos para investigar la cura de una rarísima enfermedad fatal genética que tienen sus dos hijitos: la enfermedad de Pompe. La lucha de John comienza el día que se entera que su hijita tenía poco tiempo de vida...

John y su esposa Aileen se mudaron a Boston por el MBA de John en 1995. Venían de Indiana donde John Francis, el primero de los hijos de los Crowley había nacido. Mientras estudiaban en HBS, Aileen quedó embarazada de Megan, quien nació en diciembre de 1996. Todavía me acuerdo de John anunciando orgulloso el nacimiento de su hijita a todos los compañeros de clase. En Harvard, John era uno de esos estudiantes que todos los demás conocen. Entre otras cosas John era el responsable del comité de Honor. John había sido elegido por nosotros para resolver sobre cuestiones éticas que pudieran involucrar a miembros de nuestra clase. Nadie se imaginaba entonces la historia que acababa de empezar con el nacimiento de Megan. La periodista del Wall Street Journal, Geeta Anand, es famosa porque ganó el Premio Pulitzer y porque recientemente escribió "The Cure", un libro sobre la historia de la lucha de John Crowley y su familia contra la tenebrosa enfermedad de Pompe. Lo más impresionante de esta historia de perseverancia, liderazgo y coraje es que todo el establishment de médicos prestigiosos había desalentado a John en su lucha.

Para los médicos, todo estaba perdido antes de empezar. John debía aceptar con serenidad que sus dos hijitos, Megan y Patrick, morirían a medida que se les irían atrofiando los músculos. La enfermedad de Pompe es una de esas enfermedades terribles a las que no se les ha dedicado muchos recursos en investigación ya que son muy pocos los enfermos y entonces la ecuación económica es más difícil.

A John le dijeron que no había esperanzas, Sin embargo, John decidió pelear. Ingresó en Novazyme, una compañía de investigación genética en Oklahoma e influyó para que se comenzara un estudio riguroso de la enfermedad. Logró que el Dr. William Canfield, se convirtiera en líder del Novazyme´s Pompe´s research Project y el milagro ocurrió. John no es experto en biotecnología, de hecho John es abogado. Para entender del tema contrató un tutor sobre biotech y asistió rigurosamente a cuanto seminario aparecía sobre la materia. Además John se pasó horas y horas hablando con los investigadores en el laboratorio, leyendo y preparándose.

Logró conseguir unos fondos para la investigación de la enfermad de Pompe; y tan importantes fueron los descubrimientos logrados, incluso para otras enfermedades más masivas que la enfermedad de Pompe, que más y más inversores se interesaron por esta línea de investigación. Finalmente John logró reunir capital por más de 100 millones de USD. Finalmente, Novazyme fue vendida a Genzyme, compañía líder en biotecnología y los conocimientos alcanzados estarán disponibles para la sociedad en general.

Es así que, contra todas las expectativas, con el esfuerzo y el liderazgo de John Crowley se han ido descubriendo aspectos tratables de la enfermedad de Pompe. Hasta ahora John y su familia van ganando en esta pelea contra el destino: Megan ya tiene casi 10 años y sigue viva...Y hay esperanza"

"No hay nada imposible, solo tardamos un poco más en conseguirlo"

Rosario Quispe

17. Obsesión

"La tragedia es que tantos tengan ambición y tan pocos capacidad"

William Feather

Obsesión es tener una idea que persistentemente asalta la mente. Es estar pensando –y actuando– constantemente en la meta trazada. En cómo lograrla, mejorarla, pulirla, alcanzarla y renovarla. La obsesión de la que hablo, es la que empuja al exitoso hacia la excelencia y la perfección.

Es muy similar a la ambición crecida: un deseo ardiente de conseguir poder, riquezas, dignidades o fama.

Se asemeja asimismo, a la cualidad de la perseverancia. O se complementa. Pues el deseo por sí solo, no se materializa en nada a menos que se pase a la acción.

La obsesión es un buen motor para alcanzar el éxito. Pero es un problema si se convierte en una enfermedad que trastorne la salud y en consecuencia, el resultado.

Lo positivo de una sana obsesión es que aguijonea al individuo a ser mejor cada día. A perseguir el mejoramiento de su idea original. A obtener una meta y luego trazarse una más alta.

El obsesivo "saludable" siempre será censurado, pues la mayoría se resiste a trabajar más allá del promedio; prefiere conformarse con la medianía de los resultados.

Por ello, además de obsesión, se necesita fortaleza interior para no transigir en el esfuerzo, a pesar de las críticas y renuencia de los demás.

Si posees esta cualidad o quieres desarrollarla, aplícala con buen juicio e inteligencia. Una obsesión desbordada puede debilitarte y contagiar o poner en fuga a los que trabajen contigo.

El justo medio es la mejor opción...

"La ambición es un vicio, pero puede ser el padre de la virtud"

Quintiliano

Sam Walton y su obsesión por el cliente, el empleado y el ahorro

Sam Walton, hijo de Thomas Walton y Nancy Lee Lawrence, nació cerca de Kingfisher, Oklahoma, el 29 de marzo de 1918, donde vivió con sus padres en su granja hasta 1923.

Al crecer, durante la Gran Depresión, Sam hizo numerosas tareas para ayudar económicamente a su familia. Ordeñaba las vacas, embotellaba el excedente y lo distribuía a los clientes. Más tarde, repartiría periódicos a domicilio y también vendería suscripciones de revistas. Al graduarse, fue nombrado "el chico más versátil" de su generación.

Cuando terminó la escuela secundaria, decidió entrar a la universidad con la esperanza de encontrar una mejor manera de ayudar a mantener a su familia. Asistió a la Universidad de Missouri y se especializó en economía. En este tiempo, desempeñó varios trabajos: entre ellos sirvió de mesero a cambio de comida. Asimismo, durante su época en la universidad, se unió a la fraternidad Walton Zeta Phi Theta, subordinada de Beta Pi. También fue parte de QEBH, la conocida sociedad secreta en la escuela en honor a los hombres mayores. Al graduarse, fue elegido "presidente permanente" de la clase.

Walton se unió a JC Penney como gestor de prácticas en Des Moines, Iowa, tres días después de graduarse de la universidad. En este puesto le pagaban 75 dólares al mes. Renunció en 1942, ante la posibilidad de ser alistado en el ejército para servir en la Segunda Guerra Mundial. En el ínterin, trabajó en una planta de municiones de DuPont. Poco después, se unió a los cuerpos de inteligencia del ejército de los Estados Unidos, supervisando la seguridad en las plantas de los aviones y los campamentos de prisioneros de guerra. Finalmente alcanzó el grado de capitán.

En 1945, al dejar el ejército, Walton decidió abrir una tienda departamental que además, vendiera mercancía variada como abarrotes y productos de limpieza. Con la ayuda de su suegro, quien le prestó 20.000 dólares, y sus ahorros de soldado, 5.000, compró una tienda de abarrotes en Newport, Arkansas.

Fue aquí donde Walton innovó muchos conceptos que probarían ser cruciales en su éxito, por ejemplo, se aseguró de que los anaqueles estuvieran repletos de un amplio rango de productos a precios bajos. También
110

cerraba su negocio más tarde que las otras tiendas, especialmente durante la época navideña. Fue pionero en la práctica de rebajar mercancía comprando lotes completos a los proveedores más económicos. Esto le permitió ofrecer un ahorro a sus clientes, lo que se tradujo en un aumento de las ventas.

Walton estaba absolutamente decidido a hacer lo que fuera necesario para concretar sus sueños. Solía ir a su negocio a las 4:00 AM para poder revisar los informes de ventas del día anterior, y pensar un poco antes de que llegaran los demás ejecutivos.

Siempre tenía grandes expectativas para cualquiera que trabajara con él, independientemente de su origen. Establecía altos estándares y luego procuraba lo necesario para que el personal los alcanzara. De este modo, los empleados sentían confianza en sí mismos.

La obsesión de Sam Walton por el ahorro era legendaria. Nunca tenía tiempo de gastar absurdamente. Además, siempre animaba a la gente a que expresara cualquier idea para ahorrar más dinero.

Pero este éxito no provino de la nada. Sam Walton siguió una serie de lineamientos que surgieron tanto de su personalidad afable y curiosa, como de su continua obsesión por el bienestar de los empleados y de los clientes. De hecho, este último fue uno de sus grandes secretos del éxito.

Sam Walton es, sin lugar a dudas, uno de los empresarios más exitosos de la historia. Comenzó casi de cero y construyó un imperio comercial que incluye hoy en día, no sólo las tiendas Wal-Mart sino, además, los Supercentros Wal- Mart y Sam's Club.

Según las cifras del 2008, la empresa, con operación en 14 países, contaba con más de 3.700 tiendas, daba empleo a casi 2. 000.000 de personas y reportó ventas de ¡378.000.799 millones de dólares! durante ese año.

La revista Forbes apunta que si Wal-Mart tuviera su propia economía, sería la 30ª en el mundo, justo detrás de Arabia Saudita.

"El ambicioso sube por las escaleras altas y peligrosas y nunca se preocupa de cómo va a bajar: el deseo de subir ha anulado en él el miedo a la caída"

Thomas Adams

18. Manejo del estrés

"El miedo atento y previsor es madre de la seguridad"

Edmund Burke

En un manual de seguridad de la ONU leí algunos consejos de medición de los riesgos, y de prevención de accidentes, que me hicieron ver que tienen aplicabilidad en las decisiones de negocios.

La primera advertencia fue la que más me sorprendió y que textualmente dice: "La clave y la responsabilidad de la propia integridad física están, en primerísima instancia, en uno mismo". Por lo que hay que estar atento a las señales internas del organismo, la mente y el ánimo personal; al reconocerlas –y bajo esa perspectiva- se pueden medir mejor los riesgos y evitar las dificultades.

"La mejor manera de no tener problemas es evitando entrar en ellos", dice también el manual. Suena evidente, pero no lo es si no somos totalmente conscientes del nivel de eficiencia en que se encuentra nuestro juicio en un momento dado; y en especial para la toma de decisiones que implican grandes peligros.

Veamos en qué puede ayudar este valioso consejo en los negocios...

En la empresa le damos prioridad al análisis de los factores que nos rodean: la economía, la política, la competencia, los clientes, los cambios culturales, las tendencias de mercado; además de lo pueda estar ocurriendo cara adentro en el negocio. Y rara vez cuestionamos el grado de eficiencia de nuestra capacidad de decisión, la que –queramos o no– tiene una estrecha vinculación con el bienestar o malestar por el que estemos atravesando en la mente, la salud corporal y el estado anímico.

Sin embargo, en el referido manual le dan una alta importancia a lo que sucede en nuestro propio ser. En él se nos invita a realizar un continuo check up de nuestra mente, cuerpo y espíritu, para auto detectar las desalineaciones que puedan afectar nuestro buen tino decisorio.

Bien decía un amigo mío, director y dueño de una gran empresa: "Es más fácil que por mis decisiones el negocio vaya a la quiebra, que por lo que decidan el resto de los que colaboran conmigo".

Para manejar el estrés sugiero que:

- Con periodicidad midamos, preferentemente con el apoyo de un experto, los niveles de estrés. Se dice que hay cinco niveles de éste trastorno; y lo peor es que es acumulativo y mortal. Debemos actuar para combatirlo. No hablo de un aceptable grado de éste y de la necesaria adrenalina para acometer con energía e impulso los retos cotidianos; sino del que nos puede enfermar –e incluso matar– que es el estrés acumulado y no atendido. Esto es un hecho científicamente comprobado.

- Reconozcamos las limitaciones personales. Recuerdo el ejemplo que dice el instructivo: "Si tienes que huir de una agresión, ten en cuenta que no eres James Bond".

- Sostengamos en alto el sentido del humor. Una buena dosis de éste hará que nuestra óptica del problema se llene de sentido común y optimismo. Además del beneficio de transmitir y mandar una señal positiva y tranquilizadora a nuestros colaboradores.

- Tengamos bien claro lo que confiadamente podemos lograr, para evitar frustrarnos por no alcanzar metas irreales. La frustración es la diferencia entre lo que se espera lograr y lo que verdaderamente se obtiene en la realidad. Mientras ésta diferencia sea mayor, más grande será el nivel de frustración, depresión y de elementos estresantes que afectarán la calidad de nuestras decisiones.

- Evitemos trasladar nuestras zozobras a los otros, pues eso irá en menoscabo de su eficacia. Esto requiere de una buena dosis de autocontrol, y aún así nuestras tensiones pueden –como por ósmosis– filtrarse hacia los demás.

- Estemos permanentemente en estado de alerta ante las situaciones de riesgos empresariales en los que estemos involucrados. Una situación prolongada de peligros, puede adormilar los sistemas personales de alarma y hacernos creer que lo natural es el caos y no la normalidad.

"El conocimiento de uno mismo no tiene fin; no se llega a una consecución, no se llega a una conclusión. Es un río infinito"

Krishnamurti

Consejos para vencer al estrés laboral

El Instituto Francés del Manejo del Estrés (IFAS por sus siglas en francés), recomienda 11 reglas para evitar ser presa de la ansiedad laboral:

1.   Haz una pausa de 10 minutos por cada 2 horas de trabajo seguidas como máximo.

2.   Aprende a decir que no sin sentirte culpable o creer que lastimas a alguien. Querer agradar a todos es un desgaste enorme.

3.   Planea tu día, pero deja siempre un espacio para cualquier imprevisto, es importante ser consciente de que no todo depende de ti.

4.   Concéntrate en una sola tarea a la vez, por más ágil que sea tu mente, debes descansar.

5.   Olvida de una vez por todas que eres indispensable en el trabajo, casa, o grupo social; por

más que te desagrade, debes entender que todo seguirá su curso, menos tú mismo.

6.   No te sientas responsable por el bienestar de otros, no eres la fuente de los deseos ni el maestro de ceremonias.

7.   Siempre que sea necesario, pide ayuda, pero procura hacerlo a las personas correctas.

8.   Separa los problemas reales de los imaginarios y elimínalos, porque son una pérdida de tiempo y ocupan un espacio mental precioso para cosas más importantes.

9.   Intenta descubrir el placer de cosas cotidianas como dormir, comer y pasear, sin creer que es lo máximo que puedes conseguir en la vida.

10.   No quieras enterarte de si hablaron mal de ti ni te atormentes con basura mental. Escucha lo que hablaron bien de ti, con reserva analítica, sin creértelo todo.

11.   Una hora de inmenso placer sustituye, con tranquilidad, tres horas de sueño perdido. El placer recompensa más que el sueño. Por eso, no pierdas una buena oportunidad de divertirte.

"El hombre más peligroso es aquél que tiene miedo"

Ludwig Bôrne

19. Buen humor

"Si exagerásemos nuestras alegrías, como hacemos con nuestras penas, nuestros problemas perderían importancia"

Anatole France

Las cosas no siempre resultan bien; ni la primera vez, ni sin fracasos. La cualidad de no tomarse las cosas tan a pecho, de ver el lado humorístico de las derrotas, tomarlas como aprendizaje y reírse de sí mismo, hará que la persona exitosa sortee más fácilmente los obstáculos y tropiezos del camino.

El buen humor ayuda a ver lo que llamamos fracasos como simples resultados. Los "fracasos" sólo son las diversas formas de "cómo no" se puede lograr el éxito.

Sé que te será difícil tomártelo así, pues ante un "fracaso", inmediatamente intervendrá tu ego y bombardeará tu mente con juicios negativos, que lo único que lograrán será generar emociones dañinas: tristeza, desánimo, depresión, abandono... Que si se acentúan, terminarán por enfermarte y apartarte de tu idea, de tu sueño original y devolverte a la mediocridad: a una vida "promedio".

No te recomiendo que pienses que te puede ir mal, pues eso puede provocar que precisamente suceda así.

Sin embargo, siendo realistas, lo más seguro es que se te presenten problemas. Pero, ¿qué es un problema? Es cualquier obstáculo que impide –momentáneamente– que logres lo que quieres. Visto así, un problema no es más que una de las tantas bifurcaciones de tu camino. Son señales que te indican que ese no es el rumbo que debes seguir, que habrá que buscar otro.

Lo malo es que a los problemas les añadimos la carga del juicio: usualmente contra nosotros mismos. Y somos nuestros más severos jueces y verdugos. Así, el lastimado serás tú, tu auto imagen, tu estado de ánimo y hasta las personas que te rodean sufrirán del mal humor que proviene de un ego castigador.

Las emociones nocivas te invadirán. Especialmente las de culpa, miedo, ira, frustración. Y lo que es peor, te distraerán de lo importante: sortear el problema. Porque para bien sortearlo, la mejor compañía es el buen humor. La alegría, la capacidad de reírse de uno mismo, de no tomar tan a pecho las cosas que suceden y que calificamos como errores. En síntesis, ver todo ello como germen de aprendizaje.

—Pero, ¿cómo me voy a reír y ver los fracasos con buen humor? —podrías objetar.

Te respondo: nada ganas con añadirle enojo al "fracaso". Éste ya está en el pasado y lo que procede es qué hacer ¡hoy!... aquí y ahora. El ayer no tiene remedio. Lo primero que debes hacer es higienizar tu estado de ánimo. Intenta ver el lado humorístico de la situación, aunque te cueste trabajo. Asiste al cine y deléitate con una película cómica o una comedia que te levante el humor. Sonríe, aunque no tengas ganas. Al cerebro lo puedes engañar con la sonrisa y hacerle creer que todo está bien.

La risa tiene grandes efectos terapéuticos en tu organismo. Incluso ya existe una técnica curativa llamada "Risaterapia".

De acuerdo con las investigaciones de la Asociación Americana del Humor Terapéutico, la risa es una económica y segura medicina por sus efectos saludables y relajantes, que son superiores a los de la actividad física; de hecho, esta asociación establece que 5 minutos de carcajadas equivalen a 45 minutos de ejercicio, porque "obliga" a estructuras como el tórax, abdomen, corazón y pulmones, a incrementar su nivel de actividad.

La sabiduría popular lo dice claro: "Al mal tiempo, buena cara".

"Si bien es cierto que las alegrías son cortas, tampoco nuestros pesares son muy largos"

Luc de Clapiers

Hunter "Patch" Adams: un humorístico exitoso

Hunter "Patch" Adams nació en Washington DC el 29 de diciembre de 1943. Su experiencia en un hospital psiquiátrico lo inspiró a estudiar medicina en el Colegio Médico de Virginia, a finales de los años sesenta. Criticado por sus profesores debido a su "excesiva alegría", Adams estaba convencido de que los médicos se ocupaban de la enfermedad y no de los pacientes. Su visión era diametralmente opuesta. "Propongo definir la salud como una vida feliz... Según esta definición, alguien que está muriendo de cáncer, puede ser una persona que goza de buena salud. Hay gente que está muy enferma y, sin embargo, podemos decir que dada su actitud de alegría, son seres "saludables".

En 1972, después de su graduación, "Patch" Adams fundó el Instituto "Gesundheit", un precario hospital que funcionaba en una casa en las llanuras de Virginia. Allí atendió gratuitamente a miles de personas que no tenían recursos, estaban asustadas, o solas en el mundo. Pero su anhelo de convertir el instituto en un gran hospital, debió esperar por falta de recursos.

Hasta que en 1998, se presentó la oportunidad. Se estrenó la famosa película "Patch Adams", protagonizada por el actor Robin Williams y dirigida por Tom Shaydac. Basada en el libro escrito por él mismo y publicado en 1993, la película fue un éxito de taquilla ganando el doble de su presupuesto sólo en los Estados Unidos.

Actualmente, "Patch" pasa dos tercios del año recorriendo el mundo, dictando conferencias, seminarios y talleres, para difundir su forma de ver la vida. Lo considera su obligación porque según sus propias palabras: "el mundo tiene déficit de abrazos, y si seguimos así, no duraremos muchas décadas más".

Vive en Arlington, Virginia, donde promueve medios alternativos de sanación para enfermos, en colaboración con el instituto. Es el inventor de la "Risaterapia" con fines médicos y terapéuticos, y el responsable de su inclusión en la medicina moderna.
En octubre de 2007, Adams y su Instituto comenzaron una campaña para recaudar un millón de dólares destinados a la construcción de un Centro de Enseñanza y una clínica en Virginia, con el fin de formar a los futuros médicos en la "Risaterapia".

"Patch" también es un activista social, diplomático, payaso profesional, actor y escritor. Cada año organiza un grupo de voluntarios provenientes de alrededor de todo el mundo, que viajan a Rusia como payasos para llevar esperanza y diversión a los huérfanos, pacientes y la gente en general.

Después de que hicieron una película basada en su vida, ¿qué nos dice "Patch" Adams?

"Antes de que Universal Studios promoviera la película de 'Patch Adams', me preguntaba: ¿Qué haré con la fama? Nuestra sociedad ve a los famosos como seres egocéntricos y ricos. Yo quiero vivir en un mundo en cual la gente se vuelva famosa por su trabajo, por promover la paz, la justicia y el cuidado por el prójimo. Quisiera que las celebridades fueran personas

122

motivadoras, y que sus vidas nos sirvan de ejemplo para que todos hiciéramos lo mismo: servir por amor".

"La alegría es el ingrediente principal en el compuesto de la salud"

Arthur Murphy

Una demanda con sentido del humor

Armando Fuentes Aguirre, famoso escritor, periodista y conferenciante mexicano cuyo seudónimo en una de sus columnas periodísticas es "Catón", presentó una "demanda" en contra de la revista "Fortune". Enseguida la "demanda":

"Demanda de Catón"

Por Armando Fuentes Aguirre: CATÓN

"Me propongo demandar a la revista "Fortune", pues me hizo víctima de una omisión inexplicable. Resulta que publicó la lista de los hombres más ricos del planeta, y en esta lista no aparezco yo. Aparecen, sí, el sultán de Brunei, aparecen también los herederos de Sam Walton y Takichiro Mori. Figuran allí, también personalidades como la Reina Isabel de Inglaterra, Stavros Niarkos y los mexicanos Carlos Slim y Emilio Azcárraga.

Sin embargo, a mí no me menciona la revista. Y yo soy un hombre rico, inmensamente rico. Y si no, vean ustedes:

Tengo vida, que recibí no sé por qué, y salud, que conservo no sé cómo.

Tengo una familia: esposa adorable que al entregarme su vida me dio lo mejor de la mía; hijos maravillosos de quienes no he recibido sino felicidad; nietos con los cuales ejerzo una nueva y gozosa paternidad.

Tengo hermanos que son como mis amigos, y amigos que son como mis hermanos.

Tengo gente que me ama con sinceridad a pesar de mis defectos, y a la que yo amo con sinceridad a pesar de mis defectos.

Tengo cuatro lectores a los que cada día les doy gracias porque leen bien lo que yo escribo mal.

Tengo una casa, y en ella muchos libros (mi esposa diría que tengo muchos libros, y entre ellos una casa). Poseo un pedacito del mundo en la forma de un huerto, que cada año me da manzanas que habrían acortado aún más la presencia de Adán y Eva en el Paraíso.

Tengo un perro que no se va a dormir hasta que llego, y que me recibe como si fuera yo el dueño de los cielos y la tierra.

Tengo ojos que ven y oídos que oyen; pies que caminan y manos que acarician; cerebro que piensa cosas que a otros se les habían ocurrido ya, pero que a mí no se me habían ocurrido nunca.

Soy dueño de la común herencia de los hombres: alegrías para disfrutarlas y penas para hermanarme a los que sufren.

Y tengo fe en un Dios bueno que guarda para mí infinito amor.

¿Puede haber mayores riquezas que las mías? ¿Por qué, entonces, no me puso la revista "Fortune" en la lista de los hombres más ricos del planeta?, y Tú ¿cómo te consideras?"

Tercera parte

El éxito visto de manera integral

"Si logras ser la persona, hacer lo que amas y tener lo que quieras, entonces serás exitoso. Ser, hacer y tener: en ese orden"

Manuel Sañudo

20. Los niveles del éxito

"Llegar a una meta es el punto de partida hacia otra"

John Dewey

El éxito no es algo que se consiga de un día para otro, si bien se puede ir alcanzando de forma gradual. Algunos no logran tenerlo nunca, otros consiguen una parte de él, y sólo una minoría obtiene la plenitud.

¿Es difícil alcanzar plenamente el éxito?

Si partimos del hecho de que el hombre no es perfecto sino perfectible, el éxito total no lo obtendrá jamás. Habrá fases o grados de auge. Metas pequeñas que lleven a las medianas, y éstas a las grandes, luego a las más grandes y así sucesivamente. Además, recordemos que es primordial saber lo que cada uno interpreta como "el éxito".

Repito que la palabra éxito proviene del vocablo latín, exitus, que significa salida o resultado. Es decir, que el éxito es el resultado de una acción. Y, de nueva cuenta, dependerá del tipo de salida –o de meta- que cada persona quiera tener.

Podrías fallar en lo certero de la acción para lo que tratas de ganar, y más difícilmente te equivocarás en lo que buscas. Si no tienes éxito, no significa necesariamente que cambies lo que haces. Puede ser suficiente cambiar el cómo.

El "qué", es lo más importante. Pues, lo que quieres, al nivel conceptual del deseo, es fácil saberlo. Así, el error puede estar en los medios, pero no en los fines.

La mayor parte de la humanidad considera que el éxito consiste en acumular dinero, poder o reconocimiento social... por citar tres de los objetivos más preciados.

En lo que concierne a los negocios y a las vidas personales –pues, en la práctica se entrelazan inevitablemente–, los peldaños del éxito guardan cierta semejanza con la escala de necesidades de la teoría ideada por Abraham Maslow. Veamos:

- **Primera etapa.** Sobrevivencia. Al iniciar un nuevo proyecto el énfasis se centrará en que éste nazca bien y pueda crecer con salud y fortaleza.

- **Segunda etapa.** Seguridad. Culminada la etapa anterior, la motivación se enfocará en lograr la seguridad de que no habrá quebrantos o retrocesos graves en el mercado, las finanzas, la administración de los bienes, etcétera.

- **Tercera etapa.** Aceptación social y pertenencia. En esta fase, el empeño se enfilará a entrar en el círculo de los triunfadores. Ya sea en clubes, asociaciones, a través de reportajes y publicaciones, y demás manifestaciones de auto y heteroaceptación.

- **Cuarta etapa.** Autoestima. Tiene que ver con el amor propio, el sentirse bien con lo que se ha conquistado: ya sea en el mundo empresarial, personal, espiritual, social o familiar.

\-   **Quinta etapa.** Autorrealización. Se refiere a la realización integral y elevada del ser humano, más allá del mundo del dinero y los negocios. Es el equivalente a ser todo lo que se puede ser. Descubrir o realizar vocaciones olvidadas e ignoradas, por estar ocupado sólo en la carrera empresarial o profesional.

Sin embargo, el concepto de "autorrealización" resulta algo vago, pues no hay ninguna prueba de que todas las personas tengan la capacidad de convertirse en un ser "autorrealizado". Aunque algunos eventos científicos han demostrado el pleno interés del ser humano por auto actualizarse y tender hacia un nivel más alto de satisfacción.

La respuesta, por lo que hace a la satisfacción personal, sentirse o no exitoso o autorrealizado, está en el interior de cada individuo.

Traigo a colación la dramática estadística mencionada por Peter Senge (escritor de temas de negocios de Estados Unidos), que dice que "A más del 70% de las personas no les gusta el trabajo que tienen"... ¿Es eso ser exitoso?

La medición última, en lo tocante al éxito, es la felicidad y la paz interior que cada cual logre poseer, por oculta y espiritual que pueda parecer la referencia.

Coco Chanel: el "look" de éxito

Nació en el año 1883 en Namur, Avernia (Francia). Su niñez transcurrió en Issoire y Courpiére. Cuando murió su madre, Gabrielle era muy pequeña; y su padre, abrumado por la situación, la abandonó en un orfanato, donde fue educada por las monjas. Algo que ella siempre intentó ocultar.

Allí aprendió a manejar el hilo y la aguja con especial habilidad, por lo cual, a los 17 años las monjas le consiguieron un empleo como costurera. A los 22, decidió convertirse en cantante de cabaret. Ahí fue donde conoció a Ettiene Balsan, un rico hombre de mundo de quien aprendió a moverse en sociedad y con quien tiempo después, arribó a París para dedicarse a su vocación: el diseño.

Comenzó su carrera en el año 1909, diseñando sombreros en París, y un año más tarde logró abrir su tienda en la calle Cambon No. 21, con el nombre "Modas Chanel", que posteriormente cambió por "Gabrielle Chanel" y luego simplemente "Chanel". Actualmente esta tienda sigue funcionando y es el corazón del imperio Chanel.

Coco odiaba los corsés y los incómodos atuendos de las damas aristocráticas, con sus grandes sombreros de plumas, faldas arrastradas y prendas ajustadas tan de moda en su época. Al mismo tiempo creía firmemente que la elegancia en la ropa significaba "libertad al moverse", y esa fue la premisa de sus diseños.

Estas cuestiones la llevaron a inventar el estilo que la consagró: la mujer del siglo XX, una mujer trabajadora, independiente y emancipada, que necesitaba ropa cómoda y sobria para ir al trabajo, un vestuario que le hiciera sentirse elegante pero sin dejar de ser ella misma.

El color negro, que hasta entonces estaba reservado sólo para los lutos, comenzó a verse en la ropa de a diario de las mujeres. Los trajes de chaqueta, las camisas blancas de líneas rectas, el pelo corto, los suéteres masculinos adaptados a la mujer, la ropa sport, todos inventos que fueron saliendo de su imaginación.

Las mujeres de París siguieron sus pasos, y más tarde sus legendarios diseños encontraron el camino a los guardarropas de las damas de muchas partes del mundo... La leyenda Chanel había comenzado.

Creó muchos clásicos de la moda. El principal fue el Chanel "suit", el vestidito negro, el suéter con cuello de tortuga, los sacos, las gabardinas y las chaquetas ("french coat") que antes eran sólo para hombres.

Ante el crack de 1929, que hizo que usar joyas auténticas fuese sinónimo de mal gusto, Coco Chanel revolucionó la moda al lanzar una increíble colección de joyería de fantasía que reivindicó la elegancia de lo falso sobre lo tradicionalmente "bueno".

Las famosas tiras de perlas alrededor del cuello, los cintos de cadena, los aretes y las pulseras de aleaciones de distintos metales que sustituyeron al oro, siguen adornando a las mujeres de este siglo.

Sin olvidar las bolsas acolchadas o "quilted" que marcaron un sello clásico que no sólo dejó huella sino que hasta hoy siguen siendo un signo de elegancia y distinción.

El juego y la combinación de los colores clásicos, tanto el beige como el blanco y el negro, caracterizaron sus colecciones de ropa.

El coordinado se veía tanto en vestidos de noche como en trajes sastres. Y precisamente en éstos marcó otro de sus grandes sellos: los puños y el cuello blanco.

Gracias al buen gusto que Coco tenía para la mezcla de tonalidades, llegó a vestir literalmente a la mujer de los pies a la cabeza, dejando una gran herencia clásica en los zapatos de dos tonos con traba y el talón casi desnudo.

Su influencia en el mundo de la moda ha trascendido de tal forma que hasta la fecha perdura y es extraordinaria.

Con sus colecciones, Coco cambió radicalmente la apariencia de la mujer y sentó las bases de la moda moderna, al tiempo que cambiaba la mentalidad femenina: al defender los trajes de chaqueta y sus masculinos y funcionales pantalones y suéteres de punto, defendía también una manera de vestir más cómoda y, en definitiva, una concepción de la mujer más libre.

Durante los 30's, Chanel introdujo una pequeña línea de cosméticos que incluía labial, rubor y polvo traslúcido. Con estos productos se solidificó su presencia en el mundo del maquillaje y su reputación creció como la creadora de un "look" total.

Su vida estuvo llena de avatares, amantes y desencuentros. Uno de los escándalos más sonados de su vida fue su romance con un oficial nazi, por lo cual, al terminar la Segunda Guerra Mundial, tuvo que exiliarse en Suiza.

París, sin embargo, le perdonó su error y regresó en 1954, a los 71 años, dispuesta a recuperar su trono de la moda. Pero el panorama había cambiado: Dior, Saint-Laurent, Rochas o el gran Balenciaga habían conquistado. Pero Coco, fiel a sí misma, declaró la guerra a la odiada minifalda, y volvió a crear colecciones de trajes por debajo de la rodilla, elegantes y distinguidos, y su famoso traje de chaqueta Chanel. Pocos años después, cualquier mujer de relevancia social tenía uno de esos diseños en su armario.

Coco Chanel no interrumpió en toda su vida su trabajo creativo. Siguió innovando hasta dejar una extraordinaria influencia en el mundo de la moda.

Entre sus clientes habituales estaban famosas de los 50's como Brigitte Bardot, Marlene Dietrich (amiga y clienta); Katherine Hepburn, Jackie Kennedy, Elizabeth Taylor quien la admiraba mucho; Grace Kelly y Marilyn Monroe a quien debe la duplicación de la venta de sus colecciones después de que ésta se atrevió a decir que "para dormir sólo se ponía unas gotas de Chanel No. 5". Actualmente, esta fragancia sigue siendo una de las favoritas en el mundo.

Hoy en día Chanel cuenta con boutiques en más de 40 ciudades del mundo que se han convertido en capitales de moda, como Nueva York, Chicago, Toronto, Milán, Roma, Londres, París, Zúrich, Sídney, Tokio y Sao Paulo.

La Casa de Chanel continúa trayendo lo mejor de la moda francesa en cuanto a ropa, fragancias, tratamientos para la piel y maquillaje. Constantemente sigue definiendo y redefiniendo su estilo, pero conserva el lujo y elegancia que ya son sinónimos de su legendario nombre.

"Le Grand Madeimoselle" falleció finalmente en 1971, en París, cuando se encontraba embarcada en la preparación de su nueva colección.

Ella, a pesar de su ambición y su gusto por el lujo, jamás olvidó sus orígenes, pues dejó una frase inolvidable: "El lujo es una necesidad que nace cuando cesa la necesidad".

Pudo haber sido una de las últimas cortesanas del siglo XIX, pero aprovechó esa circunstancia para convertirse en el prototipo de la mujer empresaria, emprendedora e independiente del siglo XX. Y su estilo y enseñanzas forman parte del inconsciente colectivo.

21. Salud, dinero y amor

"Tres cosas hay en la vida: salud, dinero y amor. Y el que tenga estas tres cosas, que le dé gracias a Dios"

Frase de una canción popular

A la gran mayoría nos gusta el éxito acompañado de abundancia en salud, dinero y amor. De todo lo bueno que se puede tener en esta vida, incluida de manera implícita la felicidad.

Somos seres con mente, cuerpo y espíritu. Así, el éxito debe conjugar los tres elementos y colmar las necesidades físicas, intelectuales y del alma.

Para algunos, esta exigencia de salud, dinero y amor, podrá ser un deseo inalcanzable o pretencioso. Como pedirle demasiado a la vida.

No obstante, en el fondo envidiamos a los que lo poseen todo. Y no me refiero con "todo" únicamente al dinero, sino al éxito integral imbuido de la verdadera felicidad.

El sustento de la vida es la salud. Sin ella no se puede saborear plenamente el éxito. Si tienes salud, cuídala. Ejercítate, aliméntate sanamente, medita, lee, cultiva tu espíritu. Pues la salud debe crearse y sostenerse en estos tres niveles: mente, cuerpo y alma. De lo contrario, caerás en un desequilibrio vital y eso menguará tu éxito. Empieza por tener, cuidar y acrecentar tu salud.

Recuerdo el caso de un hombre que trabajó arduamente día y noche durante toda su niñez y juventud. Amasó una fortuna considerable. Cumplidos los 52 años le diagnosticaron un cáncer terminal. Él, lleno de rabia e impotencia, exclamaba:

-¿Por qué voy a morir?, si soy tan rico... ¿Qué no hay quién me cure?, ¡cueste lo que cueste! - Y no lo hubo. Su fortuna no pudo comprar salud ni evitar la muerte tempranera. Ahora, su viuda disfruta del dinero aliviando los malos tratos que él le dio.

"El dinero no lo es todo en la vida, pero ¡cómo ayuda!"... solía decir mi padre. El dinero es bueno si se sabe gastar. De nada sirve acumulado y estancado pues, como la sangre, si no circula se coagula.

No sugiero que derroches tu dinero. Te invito a que hagas un buen uso de él.
¡En vida!, de lo contrario se lo gastarán tus herederos.

¡Ah!... El amor. Dicen que no es fácil de encontrar. Opino que sí lo es: amar a alguien es una decisión, no necesariamente un flechazo de Cupido. Y si no quieres o no tienes a quien amar, puedes empezar por amarte a ti mismo. Elevar así tu auto estima y prepararte para recibir lo que te mereces por derecho de nacimiento: la plenitud.

"El pobre no es el que tiene poco, sino el que desea más"

Séneca Anneo

Wayne W. Dyer: su vida y sus obras le han dado salud, dinero y amor; a él y también a millones de personas.

Wayne nació el 10 de marzo de 1940 en Detroit, Michigan, Estados Unidos. Profesor, escritor y doctor en psicología, es famoso por sus libros de autoayuda.

Tuvo una niñez difícil por problemas familiares: de abuso y malos tratos, a él, a su madre y a sus hermanos, por parte de su papá, quien como consecuencia de un grave alcoholismo, falleció a temprana edad. Su mamá se vio obligada a recluirlo en un orfanato, pues no podía mantenerlo. Así, Wayne Dyer pasó gran parte de su infancia en el hospicio, mientras su madre reparaba su economía para poder reunirse con sus hijos de nuevo. Esta experiencia en el orfanato no lo amilanó, sino que le serviría años más tarde para su desarrollo personal y profesional.

De joven abusó del alcohol, de la comida chatarra (llegó a tener un cierto grado de obesidad), y del sedentarismo. En sus propias palabras: vivía en un mundo de stress, sobrecarga de trabajo, con un mal matrimonio y mucho rencor hacia su difunto padre.

En 1965 comenzó a trabajar como consejero en una escuela secundaria. En 1971, después de obtener un doctorado en educación, lo designaron profesor en la

"St. John's University" de Nueva York, y comenzó a escribir artículos para varios periódicos, además de dar charlas acerca de la superación personal y las fuentes de motivación, teniendo una audiencia cada vez mayor.

Él cuenta que un buen día, por el año 1975, debido a una serie de afortunadas (¿o milagrosas?) coincidencias, fue a dar a la tumba de su extinto padre. Ahí pasó horas enteras llorando y reclamándole su crueldad para con ellos, hasta que tuvo una gran expansión de conciencia. De pronto, el rencor terminó y se dio cuenta de que el problema no era del difunto, sino de él. De cómo se tomaba los sucesos del pasado. Regresó al hotel, se encerró en su cuarto, y en una semana escribió el borrador de su primer gran libro, del cual se han vendido millones de ejemplares en todo el mundo.

Convencido por un agente literario, en 1976 editó "Tus Zonas Erróneas", un libro donde hablaba sobre experiencias personales y profesionales que apuntaban al crecimiento personal. La publicación fue un éxito y lo catapultó a la cima de ventas, al mismo tiempo que lo consagró como escritor de libros de autoayuda. A partir de 1985, el estilo de Wayne Dyer fue variando, agregando matices espirituales y místicos.

Se casó con su segunda esposa y tiene 8 hijos. A sus 70 años hace yoga, se ejercita y medita a diario, y come saludablemente. Viaja por todo el mundo dando conferencias para ayudar a la gente a ser feliz. Continúa escribiendo libros, participando en programas de radio, y grabando conferencias y películas: todo ello dirigido a servir al prójimo... y a él mismo también. En un mágico escenario de ganar-ganar. En la salud, el dinero y el amor por todos.

"Amarás a tu prójimo como a ti mismo"

Jesús de Nazaret

Un ejemplo del contagioso éxito de Dyer

Nadie puede hacer que prestes un buen servicio a tus clientes, más que tu propio deseo y convicción de hacerlo. Un buen servicio es una alternativa de tener éxito.

Harvey Mackay nos cuenta una maravillosa historia acerca de un taxista que prueba este punto.

Él estaba haciendo fila para poder ir al aeropuerto, cuando un taxista se acercó. Lo primero que Harvey notó fue que el taxi estaba limpio y brillante. El chofer muy bien vestido, con una camisa blanca, corbata y pantalones negros muy bien planchados. El taxista salió del auto, dio la vuelta y le abrió la puerta trasera del taxi a Harvey.

Le entregó un cartón plastificado y le dijo: "yo soy Wally, su chofer, mientras pongo su maleta en el portaequipaje me gustaría que leyera mi Misión".

Después de sentarse, Harvey leyó la tarjeta:

"Misión de Wally: Hacer llegar a mis clientes a su destino final de la manera más rápida, segura y económica posible, brindándoles un ambiente amigable".

Harvey quedó impactado. Especialmente cuando se dio cuenta que el interior del taxi estaba igual que el exterior, limpio... ¡sin una mancha!

Mientras se acomodaba detrás del volante, Wally le dijo: "¿Le gustaría un café? Tengo unos termos con café regular y descafeinado". Harvey, bromeando, le dijo: "No, preferiría una soda". Wally sonrió y dijo:

"No hay problema, tengo un mini refrigerador con Coca Cola regular y dietética, agua y jugo de naranja". Casi tartamudeando, Harvey le dijo: "Tomaré la Coca Cola dietética".

Pasándole su bebida, Wally le indicó, "Si desea usted algo para leer, tengo el Wall Street Journal, Time, Sport Illustrated y USA Today".

Al comenzar el viaje, Wally le pasó a Harvey otro cartón plastificado

-       Estas son las estaciones de radio que tengo y la lista de canciones que tocan, si quiere escuchar la radio – dijo el chofer.

Y como si esto no fuera demasiado, Wally le dijo a Harvey que tenía el aire acondicionado prendido y si la temperatura estaba bien para él. Luego le avisó cuál sería la mejor ruta para llegar a su destino a esa hora del día. También le hizo conocer que estaría contento de conversar con él o si Harvey prefería, lo dejaría solo en sus meditaciones.

-        Dime Wally - le preguntó asombrado Harvey - ¿siempre has atendido a tus clientes así?

Wally sonrió y lo miró a través del espejo retrovisor. "No, no siempre. De hecho, solamente los dos últimos dos años. Mis primeros cinco años manejando los gasté quejándome igual que el resto de los taxistas. Un día escuché en la radio acerca de Wayne Dyer: un "Gurú" del desarrollo personal.

Él acababa de escribir un libro llamado "Tú lo obtendrás cuando creas en ello". Dyer decía que si tú te levantas en la mañana esperando tener un mal día, seguro que lo tendrás. El decía: "para de quejarte, sé diferente de tu competencia. No seas un pato, sé un águila. Los patos hacen bulla y se quejan, las águilas se elevan encima del grupo".

—Esto me llegó aquí, en medio de los ojos—dijo Wally—. Dyer estaba realmente hablando de mí. Yo estaba todo el tiempo haciendo bulla y quejándome, entonces decidí cambiar mi actitud y ser un águila. Miré alrededor a los otros taxis y sus choferes: los autos estaban sucios, los conductores no eran amables, y los clientes no estaban contentos. Entonces, decidí hacer algunos cambios. Uno a la vez. Cuando mis clientes respondieron bien, hice más cambios —finalizó entusiasmado Wally.

— Se nota que los cambios se han pagado - le dijo Harvey.

—Sí, seguro que sí --le dijo Wally. Mi primer año de águila dupliqué mis ingresos con respecto al año anterior. Este año posiblemente los cuadruplique. Usted tuvo suerte de tomar mi taxi hoy. Usualmente ya no estoy en la parada   de taxis. Mis clientes hacen su reserva a través de mi celular o dejan mensajes en mi contestador. Si yo no puedo servirlos, consigo un amigo taxista confiable para que haga el servicio.

Wally era fenomenal. Estaba haciendo el servicio de una limusina en un taxi normal. Posiblemente haya contado esta historia a más de cincuenta taxistas, y solamente dos tomaron la idea y la desarrollaron. El resto de los taxistas hacen bulla como los patos y cuentan todas las razones por las que no pueden hacer nada de lo que les sugería.

Wally tomó una diferente alternativa. Él decidió dejar de hacer bulla como los patos y volar por encima del grupo... como las águilas.

"Los patos hacen bulla, las águilas vuelan"

Wayne W. Dyer

22. La libertad

"Algún día caminaré y seré libre. Dejaré aquellos estériles, a su estéril seguridad. Me iré, sin dejar un domicilio donde me encuentren. Caminaré a través de una región salvaje como un Atlas desempleado, y allí, dejaré el mundo para que sin preocupación, me maraville"

James Cabin

Me refiero a la libertad en el más amplio sentido de la palabra: en la de pensamiento, palabra y conducta; y hasta en la independencia financiera.

Para que hagas tu emprendimiento hacia el éxito, es preciso que te desencadenes de cualquier asunto, persona o cosa que te esté tiranizando a seguir en lo mismo. Recuerda la frase aquella: "Si siempre haces lo que haces, siempre conseguirás lo mismo". Es decir, debes cambiar para triunfar. El cambio requiere de libertad: para efectuarlo y después trabajar en lo tuyo.

La esclavitud financiera imposibilita la liberación necesaria para lograr el éxito personal, por la paga de un sueldo o un intercambio mercantil. Peor aún: envilece al que deja de pensar, hablar o actuar como se lo dicta su conciencia, y agacha la cabeza frente a lás reglas ajenas. Y todo por temor a perder esos beneficios monetarios. Si quieres tener éxito debes perder el temor a perder esos beneficios "seguros" y arrojarte a tu sueño, aunque sea incierto el resultado. Se dice que nos arrepentimos más de aquello que no hicimos que de lo que sí ¿Qué puedes perder?...

Para ser libre, se pueden tomar como referencia estas tres características fundamentales:

-        Vivir la vida con el propósito que nos guste, dentro de los Valores Universales. Que no necesariamente deben ser los establecidos por las reglas y normas ajenas: institucionales, empresariales, políticas, religiosas o morales. Todas estas son relativas y a conveniencia de esos grupos de poder.

-        Poder modificar la educación aprendida y adaptarla a las propias necesidades.

-        Tener autonomía para decir lo que se piensa -o se ha descubierto-, de tal manera que la comunidad pueda beneficiarse si así le conviene.

Que cada cual reflexione sobre la soledad, la libertad y sobre su dependencia de los demás. Y que sea consciente de que quien no sigue el juego de los grupos dominantes de turno, será desterrado de estos. Después, ya no tendrá derecho a jugar, ni a recibir las canonjías por ello... Pues la regla es clara: "Si no estás conmigo, estás contra mí", y el castigo del rechazo es el precio a pagar.

"No hay nada más peligroso que la obediencia ciega"

Anónimo

Steve Jobs y su exitosa manzana

Steven Paul Jobs es un famoso empresario e informático estadounidense, presidente de "Apple Inc.", y máximo accionista individual de "The Walt Disney Company". Es una de las figuras más importantes de la industria de la computación y del entretenimiento digital. Gran parte de su éxito lo debe a su espíritu de libertad.

Su semblanza, el carácter y su forma de ver la vida y los negocios se aprecian bien en el famoso discurso que dio en la Universidad de Stanford, ante un grupo de graduados, en el año de 2008. A continuación, reproducimos un fragmento:

"Tengo el honor de estar hoy aquí en su ingreso a una de las mejores universidades del mundo. Nunca me gradué. A decir verdad, esto es lo más cerca que jamás he estado de una graduación universitaria. Hoy quiero contarles tres historias de mi vida. Nada especial. Sólo tres historias.

La primera historia versa sobre cómo se conectan los puntos

Dejé el Reed College después de los seis primeros meses, pero después seguí rindiendo como alumno libre otros 18 meses antes de dejarlo de veras. Entonces, ¿por qué lo dejé?

Esta historia comenzó antes que yo naciera. Mi madre biológica era una graduada universitaria joven y soltera, y decidió darme en adopción. Tenía muy claro que quienes me adoptaran tendrían que ser graduados universitarios, de modo que todo se preparó para que fuese adoptado por un abogado y su mujer. Sólo que cuando aparecí decidieron, en el último momento, que lo que de verdad querían era una niña. Así que mis padres, que estaban en lista de espera, recibieron una llamada a media noche y les preguntaron: "Tenemos un niño no esperado; ¿lo quieren?" Por supuesto", dijeron. Mi madre biológica se enteró de que mi madre no tenía un título universitario y que mi padre no había terminado el bachillerato, así que se negó a firmar los documentos de adopción. Sólo cedió cuando mis padres prometieron que algún día yo iría a la universidad.

Y 17 años más tarde, fui a la universidad. Pero descuidadamente elegí una universidad casi tan cara como Stanford. Después de seis meses, no le veía propósito alguno. No tenía idea de qué quería hacer con mi vida, y menos aún de cómo la universidad me iba a ayudar a averiguarlo. Y estaba gastando los ahorros de mis padres. Así que decidí dejarla, y confiar en que las cosas saldrían bien. En su momento me dio miedo, pero viéndolo en retrospectiva fue una de las mejores decisiones que nunca haya tomado. En el momento en que la dejé, ya no fui más a las clases obligatorias que no me interesaban, y comencé a meterme en las que parecían interesantes.

No era idílico. No tenía dormitorio, así que dormía en el suelo de las habitaciones de mis amigos, devolvía botellas de Coca Cola por 5 céntimos para conseguir dinero para comer, y caminaba más de 10 Km los domingos por la noche para comer bien una vez por semana en el templo de los Hare Krishna. Me encantaba. Y muchas cosas con las que me fui topando al seguir mi curiosidad e intuición resultaron no tener precio más adelante.

Les daré un ejemplo: en aquella época el Reed College ofrecía la que quizá fuese la mejor formación en caligrafía del país. En todas partes del campus, todos los pósteres, todas las etiquetas de todos los cajones, estaban bellamente caligrafiados a mano. Como ya no estaba matriculado y no tenía clases obligatorias, decidí atender al curso de caligrafía para aprender cómo se hacía. Aprendí cosas sobre el serif y tipografías sans serif, sobre los espacios variables entre combinaciones de letras, sobre qué hace realmente grande a una gran tipografía. Era sutilmente bello, histórica y artísticamente, de una forma que la ciencia no puede capturar, y lo encontré fascinante.

Nada de esto tenía ni la más mínima esperanza de aplicación práctica en mi vida. Pero diez años más tarde, cuando estábamos diseñando el primer ordenador Macintosh, volvió a mí. Y diseñamos el Mac con todo dentro. Fue el primer ordenador con tipografías bellas. Si nunca hubiera aparecido por aquél curso en la universidad, el Mac jamás habría tenido múltiples tipografías, ni tipos con espaciado proporcional. Y como Windows no hizo más que copiar el Mac, es probable que ningún ordenador personal los tuviera. Por supuesto que cuando estaba en clase era imposible conectar los puntos mirando hacia el futuro. Pero fue muy, muy claro al mirar atrás diez años más tarde.

No se pueden conectar los puntos hacia adelante, sólo puedes hacerlo hacia atrás. Así que tienes que confiar en que los puntos se conectarán alguna vez en el futuro. Tienes que confiar en algo: tu instinto, el destino, la vida, el karma, lo que sea. Esta forma de actuar nunca me ha dejado tirado, y ha marcado la diferencia en mi vida.

Mi segunda historia es sobre el amor y la pérdida

Tuve suerte: pronto supe qué era lo que más deseaba hacer en mi vida. Woz y yo creamos Apple en la cochera de mis padres cuando tenía 20 años. Trabajamos mucho, y en diez años Apple pasó de ser sólo nosotros dos a ser una compañía valuada en 2 mil millones de dólares y con 4.000 empleados.

Hacía justo un año que habíamos lanzado nuestra mejor creación —el Macintosh— y hacía poco que yo había cumplido los 30. Y me despidieron.

¿Cómo te pueden echar de la empresa que tú has creado? Bueno, mientras Apple crecía, contratamos a alguien que yo creía muy capacitado para llevar la compañía junto a mí, y durante el primer año las cosas fueron bien. Pero luego nuestra perspectiva del futuro comenzó a divergir y nos apartamos completamente. Cuando eso pasó, nuestra Junta Directiva se puso de su parte. Así que a los 30 años estaba fuera. Lo que había sido el centro de toda mi vida adulta se había ido, y fue devastador.

No supe qué hacer durante algunos meses. Fue un fracaso muy notorio, e incluso pensé en huir del

`Silicon Valley`. Pero algo comenzó a abrirse paso en mí: aún amaba lo que hacía. El resultado de los acontecimientos en Apple no había cambiado eso ni un ápice. Había sido rechazado, pero aún estaba enamorado. Así que decidí comenzar de nuevo.

No lo vi así entonces, pero que me echaran de Apple resultó ser lo mejor que jamás me pudo haber pasado. Había cambiado el peso del éxito por la ligereza de ser de nuevo un principiante, menos seguro de las cosas. Me liberó para entrar en uno de los periodos más creativos de mi vida.

Durante los siguientes cinco años creé una empresa llamada NeXT, otra llamada Pixar, y me enamoré de una mujer asombrosa que se convertiría después en mi esposa. Pixar llegó a crear el primer largometraje animado por ordenador, "Toy Story", y es ahora el estudio de animación más exitoso del mundo. En un notable giro de los acontecimientos, Apple compró NeXT, regresé a Apple, y la tecnología que desarrollamos en NeXT es el corazón del actual renacimiento de Apple. Y Laurene y yo tenemos una maravillosa familia.

Estoy seguro de que nada de esto habría ocurrido si no me hubieran echado de Apple. Creo que fue una medicina horrible, pero supongo que el paciente la necesitaba. A veces, la vida te da en la cabeza con un ladrillo. No pierdan la fe. Estoy convencido de que la única cosa que me mantuvo en marcha fue mi amor por lo que hacía. Tienen que encontrar qué es lo que aman. Y esto vale tanto para su trabajo como para sus amantes.

El trabajo va a llenar gran parte de su vida, y la única forma de estar realmente satisfecho es hacer lo que consideran un trabajo genial. Y la única forma de tener un trabajo genial es amando lo que hacen. Si aún no lo han encontrado, sigan buscando. No se conformen. Como en todo lo que tiene que ver con el corazón, lo sabrán cuando lo hayan encontrado. Y como en todas las relaciones geniales, las cosas mejoran y mejoran según pasan los años. Así que sigan buscando hasta que lo encuentren. No se conformen.

Mi tercera historia es sobre la muerte

Cuando tenía 17 años, leí una cita que decía: `Si vives cada día como si fuera el último, algún día tendrás razón`. Me marcó, y desde entonces, durante los últimos 33 años, cada mañana me he mirado en el espejo y me he preguntado:

"Si hoy fuese el último día de mi vida, ¿querría hacer lo que voy a hacer hoy?" Y si la respuesta era "No", durante varios días seguidos, sabía que necesitaba cambiar algo.

Recordar que voy a morir pronto es la herramienta más importante que he encontrado para ayudarme a tomar las grandes decisiones de mi vida. Porque prácticamente todo —las expectativas de los demás, el orgullo, el miedo al ridículo o al fracaso— se desvanece frente a la muerte, dejando sólo lo que es verdaderamente importante. Recordar que vas a morir es la mejor forma que conozco de evitar la trampa de pensar que tienes algo que perder. Ya estás desnudo. No hay razón para no seguir al corazón.

Hace casi un año me diagnosticaron cáncer. Me hicieron un barrido a las 7:30 de la mañana, y mostraba claramente un tumor en el páncreas. Ni siquiera sabía qué era el páncreas. Los médicos me dijeron que era prácticamente seguro que fuera un tipo de cáncer incurable, y que mi esperanza de vida sería de tres a seis meses. Mi médico me aconsejó que me fuese a casa y dejara arreglados mis asuntos: la forma médica de decir "prepárate a morir". Significa intentar decirles a tus hijos todo lo que ibas a contarles en los próximos diez años en unos pocos meses. Significa asegurarte de que todo quede bien atado, para que sea tan fácil como sea posible para tu familia. Significa decir adiós.

Viví todo un día con ese diagnóstico. Luego, a última hora de la tarde, me hicieron una biopsia, metiéndome un endoscopio por la garganta, a través del estómago y el duodeno me pincharon el páncreas con una aguja para obtener algunas células del tumor. Yo estaba sedado, pero mi esposa, que estaba allí, me dijo que cuando vieron las células en el microscopio, los médicos comenzaron a llorar porque resultó ser una forma muy rara de cáncer pancreático que se puede curar con cirugía. Me operaron, y ahora estoy bien.

Esto es lo más cerca que he estado de la muerte, y espero que sea lo más cerca que esté de ella durante algunas décadas más. Habiendo vivido esto, ahora les puedo decir esto con más certeza que cuando la muerte era un concepto útil, pero puramente intelectual:

Nadie quiere morir. Ni siquiera la gente que quiere ir al cielo quiere morir para llegar allí. Y sin embargo la muerte es el destino que todos compartimos. Nadie ha escapado de ella. Y así tiene que ser, porque la Muerte es posiblemente el mejor invento de la Vida. Es el agente de cambio de la Vida. Retira lo viejo para hacer sitio a lo nuevo. Ahora mismo lo nuevo son ustedes, pero dentro de no demasiado tiempo, de forma gradual, se irán convirtiendo en lo viejo, y serán apartados. Siento ser tan dramático, pero es bastante cierto.

Su tiempo es limitado, así que no lo gasten viviendo la vida de otro. No se dejen atrapar por el dogma que es vivir según los resultados del pensamiento de otros. No dejen que el ruido de las opiniones de los demás ahogue su propia voz interior. Y lo más importante, tengan el coraje de seguir a su corazón y su intuición. De algún modo ellos ya saben lo que tú realmente quieres ser. Todo lo demás es secundario.

Cuando era joven, había una publicación llamada The Whole Earth Catalog. La creó Stewart Brand y la trajo a la vida con su toque poético. Eran los últimos años 60`s, antes de los ordenadores personales y la autoedición, así que se hacía con máquinas de escribir, tijeras, y cámaras Polaroid. Era idealista, y rebosaba de herramientas claras y grandes conceptos.

Stewart y su equipo sacaron varias ediciones y cuando llegó su momento, sacaron el último número. Fue a mediados de los 70's, y yo tenía la misma edad que ustedes. En la contraportada del último número había una fotografía de una carretera por el campo a primera hora de la mañana. Bajo ella estaban las palabras: `Sigue hambriento. Sigue insensato`. Era su último mensaje de despedida. `Sigue hambriento. Sigue insensato`. Y siempre he deseado eso para mí. Y ahora, cuando se gradúan para comenzar de nuevo, les deseo eso.

Sigan hambrientos. Sigan insensatos.

¡Muchísimas gracias a todos!"

"Para ser libre hay que pagar un precio; pero cuando ya se es libre, eso no tiene precio"

Anónimo

Cuarta parte

La plenitud

"La felicidad sólo puede ser hallada en el interior"

Epíctecto

23. Consejos para una vida plena

"La vida es una obra de teatro que no permite ensayos.

Por eso, canta, ríe, baila, llora y vive intensamente cada momento de tu vida, antes que el telón baje y la obra termine sin aplausos"

Charles Chaplin

La plenitud es el momento o situación en que algo o alguien alcanzan su mayor perfección, se cumple o se realiza por completo. Es abundancia, saciedad, totalidad...

Alcanzamos la plenitud cuando hemos adquirido la sabiduría suficiente como para vivir y morir en paz. Pero no todos logramos vivir con esa sapiencia. En particular los que se afanan demasiado en conquistar metas superfluas: entre éstas, acumular dinero como el único objetivo para sentirse plenos.

Y es que no se puede catalogar a alguien como exitoso solo porque tiene mucho éxito en el trabajo, mucho dinero o muchas propiedades. El verdadero exitoso es rico en salud, en amigos, en familia, en todos los aspectos de sus relaciones. Si, por ejemplo, somos muy exitosos en el trabajo pero absolutamente infelices en nuestra vida familiar o sentimental, entonces solo estamos disfrutando de un éxito falso y, lamentablemente, nuestra vida estará encaminada al fracaso.

Si ya tienes éxito, dinero, amor, salud y abundancia, procura entonces tener sabiduría y, así sentirte pleno en todos los aspectos posibles.

No es imprescindible tener muchos años para ser sabio. Un joven de 30 años puede serlo, aunque no es lo usual. Ser sabio significa tener una existencia plena y con sentido. Lo que verdaderamente importa: la felicidad y el sentido de la vida.

Y ello no tiene que ver con la condición social ni económica, pues tanto un peluquero, un aborigen, un hombre de negocios, un ama de casa, un maestro de escuela, una enfermera, un artista famoso, un investigador, una empresaria o un campesino pueden ser exitosos, sabios, plenos y felices. De cualquier raza, cultura, religión o estatus profesional. No necesariamente tiene que ser gente rica y famosa, sino gente extraordinaria de cualquier clase social.

Una persona alcanza la plenitud cuando logra:

- Ser coherente consigo mismo. Seguir los dictados del corazón con la congruencia necesaria para ser la persona que se desea ser, y siente que está centrado en las cosas importantes de la vida.

- Vivir sin culpas ni arrepentimientos. No es la muerte lo que nos da miedo, sino mirar atrás y desear haber hecho las cosas de otra forma durante nuestra vida. Vivir sin tener nada de lo que arrepentirse significa arriesgarse más. Es decir, vivir con valentía y avanzar hacia lo que queremos en vez de huir de lo que tememos.

- Vivir en el aquí y en el ahora, sin viajes al pasado ni al futuro. Sabemos que ambos −el pasado y el futuro- no existen más que en nuestra mente Sólo tenemos el momento actual. No tener nada de qué arrepentirse no significa que no haya habido errores en nuestra vida, sino que los tomemos como aprendizaje para mejorar.

- Dar y recibir amor. Hacer el bien y no lastimar a nada ni nadie. Amarse a sí mismo, a los más allegados uno, y el prójimo en general.

- Vivir el momento. La vida pasa tan rápido que hay que aprovechar y disfrutar cada momento. Estar en el momento presente y vivir como si cada día fuera el último; que, por cierto, puede serlo. Desarrollar en la mente la forma de conseguir la felicidad, pues es ahí donde se encuentra... no afuera.

- Dar más de lo que se recibe. Encontrar cómo servir a los demás, en especial a los más cercanos.

"La sabiduría es saber lo que hay que hacer a continuación; la virtud es hacerlo"

David Starr Jordan

24. Felicidad, espiritualidad y paz interior

"Desde la cuna hasta la tumba, el hombre no hace una sola cosa que no persiga como fin principal lograr para sí mismo la paz del espíritu y la tranquilidad espiritual"

Mark Twain

Hasta aquí, el éxito ha sido relatado como el logro de un resultado material, mundano y monetario. Pero lo que más importa es desarrollar plenamente la verdadera esencia del ser: el espíritu que mora en cada cual.

No somos seres terrenales con un espíritu, somos espíritus encarnados. Habrá quienes no lo crean así. Pero, en el fondo, en algún momento de sus vidas, seguramente habrán sentido o experimentado que existe algo más que su cuerpo y su mente. Sin embargo, es difícil explicar el tema de lo espiritual con la razón. Se requiere de algo más que el raciocinio; es algo muy etéreo y difícil de describir.

Estoy seguro de que el alma –o espíritu– existe dentro de mí, de ti y de los demás. Pero el ego, que se interpone entre el espíritu y domina la mente, es el responsable de hacernos creer que la verdadera identidad está ligada a un cuerpo, a unos pensamientos o a una cuenta bancaria... Nada más lejos de la verdad en la que creo.

Hagamos un ejercicio de regresión: desde los hechos, afuera de nosotros mismos, hasta donde fueron creados:

⟶ Los hechos son el producto de acciones que convirtieron en realidad o materia algo que provino de
⟶ Unas actitudes, sentimientos pensamientos que, a su vez... ⟶
⟶ Vinieron del cerebro y la mente.

¿Qué hay detrás de la mente?, ¿ahí acaba o ahí se inicia el ser?
Por mística que pueda ser la tesis: en el final –o principio, según se vea-, en el mero fondo está el espíritu. Muchas veces obstruido y oculto por los intermediarios que hay entre él y la vida material: la mente, el ego, las emociones, actitudes, conductas y sentimientos.

Estos obstructores hacen que olvidemos, por períodos prolongados, que estamos de paso por este planeta. Así, nos desligamos del ser y nos abocamos a hacer y tener. A tener cosas, dinero y posesiones que no nos llevaremos a ningún lado después de morir.

Por ello, te sugiero que uses y disfrutes del producto de tu éxito. Gasta el dinero con inteligencia y generosidad. No lo acumules.

Obviamente habrá que hacer una reserva para tu vejez y para – si así lo deseas – dejar dinero o propiedades a tus herederos. La acumulación sin sentido es absurda. Para eso trabajaste, para disfrutar de tu dinero, tu éxito y tu salud.

La acumulación de resultados, el éxito, las cosas buenas que hay en la vida, producen un buen grado de satisfacción y "felicidad". Entrecomillo la palabra, pues en última instancia, la verdadera felicidad no está en esos resultados. Está en la paz interior. En el disfrute del camino recorrido y del final del mismo.

Ésta paz no se logra solamente con lo material. Se precisa acceder a un estado anímico que tranquilice al espíritu.

La verdadera felicidad consiste en un estado de armonía o plenitud interior: un reflejo subjetivo de la recta ordenación de la vida hacia su verdadero fin. La felicidad se diferencia del placer, pues una vida llena de placeres puede ser profundamente desdichada y, a la inversa, se puede ser feliz sin disfrutar de placeres.

El éxito pleno debe estar en sintonía: los resultados deseados con la espiritualidad, paz interior y, como secuencia, la felicidad verdadera.

Contrario a lo que dicen ciertas religiones, no hemos venido a este mundo a sufrir. El "cielo" puede estar aquí en la tierra, sin necesidad de padecer. Y, si sufres, entonces el "infierno" estará aquí, y en ti.

En una ocasión, conversando con un hombre muy rico, le pregunté: "¿Deseas que tu hijo se incorpore a tus negocios y sea tu sucesor en el mando?" Su respuesta llamó mi atención: "Yo sólo quiero que mi hijo sea feliz. Si los negocios le gustan, bienvenido. Si no, que busque en otras actividades su felicidad".

"Sólo el espíritu puro conoce la alegría"
José Vasconcelos

25. Conclusión

"¿Pues de qué le sirve al hombre ganar el mundo entero y perder su alma?"

Jesús de Nazaret

El éxito, en última instancia, es lograr la felicidad. Con la paz interior de la que emana.
No hay nada mejor que vivir y morir en paz: en la totalidad.

Los casos de éxitos, y la mayoría de los ejemplos que di, pueden parecerte inalcanzables. Es normal, pues muchos de éstos son de personajes muy famosos, multimillonarios algunos, legendarios y heroicos otros. Pocos ejemplos di de gente "común", como tú y como yo.

Pero recalco, que ni tú ni yo, ni mucha gente es "común". Lo que puede ser "común" son nuestros pensamientos y conductas que, en ocasiones, nos atrapan en la medianía de los resultados.

Creo, con firmeza, que tú, igual que yo y muchos más, pueden ser exitosos. Todo depende, como dije antes, de cuáles sean tus parámetros de éxito. Si te comparas con Bill Gates únicamente en lo relativo a la fama y el dinero, saldrás perdiendo en la comparación. Por otro lado, el compararse con otros no es del todo bueno. Sirve, en todo caso, para tomarlos como modelos de referencia, pero sin que ello afecte tu autoestima, y menos aún que te haga perder tu propio rumbo del éxito.

Pues, repito, el parámetro de éxito es individual. Cada quien debe averiguar qué es lo que verdaderamente quiere lograr en la vida. Más aún, si aceptamos que cada ser humano es diferente: en sus talentos, circunstancias y querencias.

Te propongo que hagas un sencillo ejercicio final, que puede serte de utilidad para encontrar –o replantear, si es el caso– tu camino hacia el éxito.

- **Busca tu esencia:** dedícate a hurgar en tus recuerdos infantiles y adolescentes –que son los más puros y válidos para este ejercicio– y rescata de tu memoria aquellas actividades que te hacían feliz, por más descabelladas que hoy te parezcan. Y selecciona las que creas más representativas de tu ser.

- **Acéptate como eres y no le des muchas vueltas.** Si así naciste, y si así eras feliz, ¡pues eso es lo que te gusta! Únicamente tendrías que evaluar qué tanto talento tienes para ello.

- **Ponte en acción:** si ya sabes qué es lo que te agrada, y ya lo has asimilado, de inmediato emprende acciones que sean concordantes con tus gustos y talentos. Y verás cómo un paso te llevará al otro, hasta que termines trabajando en lo que amas.

Viene bien recordar el poema de Antonio Machado:

"Caminante, son tus huellas el camino y nada más;

Caminante no hay camino, se hace camino al andar.

Al andar se hace el camino, y al volver la vista atrás se ve

la senda que nunca se ha de volver a pisar.

Caminante no hay camino sino estelas en la mar"

Haz lo que te nazca del corazón, lo que verdaderamente
te apasione, y lo demás se dará por sí sólo.

Manuel Sañudo Gastélum